汲古選書 54

# 癸卯旅行記訳註

## ―銭稲孫の母の見た世界―

銭単士釐 撰
鈴木智夫 訳註

# 『癸卯旅行記』解説

『癸卯《きぼう》旅行記』とは、近代中国の先進的女性知識人銭単《せんたん》士釐《しりん》が二〇世紀最初の癸卯の年（一九〇三年）に外交官の夫銭恂《せんじゅん》[1]とともに行った国外旅行の記録である。

この旅行記の撰者（著者）銭単士釐（以下単士釐と記す）は、字は蕊珠《ずいしゅ》、号は受茲《じゅし》、浙江省粛山《しょうざん》の人、生年は一八五八年[2]、没年は一九四五年[3]、父単恩溥《たんおんふ》の字は吉甫、号は第花、一八六二年の挙人、宋学を深く修得して嘉興県学の教諭や上海広方言館の中文教習などを歴任した新旧兼学の知識人であった。単士釐の生家は学識の深い読書人を輩出させた浙江省粛山の望族（名家）であったのである。この女性は今日の日本ではほとんど知られていないが、二〇世紀の前半に中国で日本文学の古今の名作を翻訳（漢訳）した著名な知日派の学者、日中戦争中の「偽北京大学」の校長銭稲孫《せんとうそん》[4]の母親（生母）である。単士釐は二〇代の半ばに生母許安人を失うという不幸に遭う[5]が新旧双方の学問に通じた父親や「著作十数種に達す」といわれた母方の伯父許壬伯《きょじんはく》の薫陶を受けてその後も学業に打ち込み、学識と才知にあふれた名家の女性（閨秀）に成長した。単士釐が五歳年上の浙江省呉興の読書人銭恂と結婚したのは彼女が二七歳となっていた一八八四年のことである。単士釐は銭恂の後妻（継配）であった(6)が両人の仲はすこぶる良く、一八八七年には二人の間に待望の長子銭稲孫《せんとうそん》が誕生する。(7)この年には銭恂の異母弟銭玄同《せんげんどう》(8)（当初の姓名は銭師黄）も銭稲孫より約三ヶ月前に呉興の父家で誕生した。この叔甥関係にある同年齢の二人は、その数十年後には銭恂・単士釐夫妻の期待に応えていずれも学問と教育の世界で目覚ましく活躍することになる。

銭恂は一八九〇年から約六年間、外交官としてイギリス、フランス、ドイツ、ロシアなどに赴任するが、その間、単士釐は浙江省呉興の婚家で銭稲孫とこの年に生まれた次子銭穟孫《せんすいそん》(9)などを育てつつ、銭恂との文通を通じて徐々に世界に目を向けるようになる。日清戦争後、銭恂の活動の場が国内外に大きく広がると、単士釐の視野と活動の場も一挙に拡大した。一九世紀末から二〇世紀初頭の世界と中国の激動期に、単士釐は夫銭恂に従って日本、ロシア、オランダ、イタリアなどで中国の教養深き外交官夫人として生活するだけでなく、そこで世界の現実と趨勢を直視、故国中国の置かれた危機的な状況を認識する。この単士釐の人生の新たな展開への契機となったのが、一八九九年から一九〇三年までの四年間の日本滞在と、一九〇三年の日本の東京からロシアの首都ペテルブルクへの日本郵船の船舶とロシアのシベリア鉄道による八〇日間の長旅であった。単士釐がこの旅行中に書き続けた中国文（漢文）の日記が一九〇四年四月に東京（東京市浅草区新猿屋町二番地）の同文印刷舎より刊行された『癸卯旅行記』の鉛印本[10]である。この旅行記には単士釐が旅行中に接触した日本・中国（上海と東三省）・朝鮮（韓国）・ロシア（ロシア極東とシベリア及びヨーロッパ・ロシア）など各国の人物や国情、風物が生き生きと描かれているばかりでなく、日露戦争直前の中国東三省（満州）をめぐるロシアと中国の葛藤や日本とロシアの険悪な関係、日本、中国、朝鮮、ロシアの政治・経済・社会・教育・文化や官僚・軍人・知識人・学者・商工業者・民衆の気質などについての極めてユニークな論評も盛り込まれている。単士釐がこの旅行中の日記において折にふれて記していた論評は「専制と侵略への反対」の姿勢を貫きつつも、当時の日本に対しては好意的であるのに対し、当時のロシアと中国、朝鮮に対しては手厳しいものであった。このような日本、中国、ロシア、朝鮮に対する単士釐の見方は日露戦争後には大きく変化する。

単士釐には、この『癸卯旅行記』のほかに、『帰潜記《きせんき》』[11]、『受茲室詩稿《じゅしししつしこう》』[12]、『清閨秀芸文略《しんけいしゅうげいぶんりゃく》』[13]などの著書がある。これらの著作のうち『帰潜記』は夫銭恂がイタリア公使となっていた時期における彼女の見聞を記したものである。この書には当時イタリアのローマ大学に留学中であった長子銭稲孫が母単士釐の見学の便をはかって書き記した景教（ネストリウス派キリスト教）に関する解説なども収められている。また彼女の作成した漢詩（古体詩）を集めた『受茲室詩稿』は、多年刊行されることなく、その稿本や抄本もほとんど散失していたが、彼女を深く敬慕していた羅守巽《らしゅそん》（羅振玉の姪）が単士釐より一九四二年に寄贈された抄本を保存していたことにより、それを底本とした陳鴻祥校訂本が一九八六年に湖南文芸出版社より刊行されている。この詩集は単士釐の生涯を辿る上で不可欠の史料となる。さらに彼女が多年修正と加筆を重ねて一九四三年にようやく完成させた清代女性芸文の目録書『清閨秀芸文略』についても、興味をそそる史実がある。それは、この書の完成直前に高齢の兄嫁単士釐が連日行っていた抄本作成の作業を義弟銭玄同が病身をも顧みずに手助けしていた、ということである。単士釐が晩年まで心血を注いで書き続けたこの未刊の著作の稿本は北京の中国国家図書館や我が国の京都大学人文科学研究所などに所蔵されているが、この書を手がかりとして清代の女性文学や清代女性の「学問文化空間」、ならびにそれによって形成されていた「閨秀伝統」の研究に本格的に取り組む研究者がまだ現れていないのは遺憾である。

単士釐の家族や親族の活動についても、中国では「改革・開放」政策が本格的に行われるようになる一九八〇年代に至るまでは、歴史研究の対象とされることは全くなかった。しかし、一九八〇年代後半以降には中国と台湾のいずれでも単士釐研究と関連させて徐々に研究が行われるようになった。(14) それらの中で最も注目すべき研究成果は二〇〇九年に刊行された邱巍《きゅうぎ》の大著『呉興銭家――近代学術文化家族的断裂与伝承』(浙江大学出版社、二〇〇九年)である。これに反し、我が国では銭玄同に関する研究を除けば、この問題についての検討・考察はまだほとんど手が付けられていない。彼女の夫銭恂については、最近、早稲田大学図書館の高木理久夫が「銭恂年譜」を作成して公表した。(15) この労作は今後銭恂と彼の家族・親族の多方面に及ぶ活動についての研究を行う上で必見の文献となる。高木理久夫には、この他に銭恂が湖北省留学生監督として日本に滞在していた時期に開校期の早稲田大学に寄贈した三千余冊の蔵書に関する有益な研究論文(16)もある。

単士釐の『癸卯旅行記』は「近代東北アジアの形成」に関する原暉之、左近幸村、中見立夫らの近年のあらたな研究(17)の前進に資する記述をも有している。にもかかわらず、「ロシア極東を含む東北アジアをひとつの歴史的実体として」とらえようとする新しい視点から単士釐の旅行記を検討した研究はまだ登場していない。単士釐とその旅行記に関するこれまでの日本の研究成果と中国の研究成果は、いずれもその大半が正統的な中国近代史研究か中国近代女性史研究の視点、もしくは近代日中関係史研究の観点からなされたものである。それらの主なものは、長年ほとんど顧みられることなく放置されていた単士釐の作品を初めて高く評価した「改革・開放」時代中国のすぐれた歴史家鍾叔河《しょうしゅくか》の二つの論文「従閨房到広大的世界――銭単士釐的両本国外游記」（同主編『走向世界叢書』湖南人民出版社、一九八一年、所収）、「第一部女子出国記」（同主編『走向世界叢書』岳麓書社、一九八五年、所収）と馬昌儀「我国第一個講述拉孔奥的女性――論単士釐的美学見解」（『文芸研究』一九八四年第四期）、吉田光邦「一九一〇年南洋勧業会始末」（同編『万国博覧会の研究』思文閣出版、一九八六年、所収）、斉国華「巾幗放眼着先鞭――論単士釐出洋的歴史意義」（『史林』一九九四年第一期）、戴東陽「驚醒女子魂、鑑彼婳与妍――論啓蒙女学者単士釐」（『史学月刊』一九九六年第三期）、魏愛蓮（Ellen Widmer）「全球視野下的単士釐的『癸卯旅行記』」（中央研究院近代史研究所編『世変与維新――晩明与晩清的文学芸術』二〇〇一年、所収）、谷川栄子の三部作「近代中国人女性の見た日本・朝鮮・ロシア・中国――銭単士釐『癸卯旅行記』を通じて」（『国際関係研究』（日本大学）二二―三、二〇〇一年一二月）、『癸卯旅行記』に見られる銭単士釐の女性観」（『国際関係研究』（日本大学）二三―四、二〇〇二年二月）、「三つの国門の間を行く」（『中国ノンフィクション』九、二〇〇二年二月）、蕭燕婉《しょうえんえん》の「単士釐と日本――『受茲室詩稿』と『癸卯旅行記』をめぐって」（『九州中国学会報』四五、二〇〇七年）、並木頼寿「癸卯旅行記」（神田信夫・山根幸夫編『中国史籍解題辞典』燎原書店、一九八九年、所収）、などである。本訳書の刊行が銭単士釐とその家族、親族についての実証的な研究と「近代東北アジアの形成」に関するあらたな研究をさらに大きく進展させる契機となれば幸甚である。

## 註

（1）銭恂の経歴については本書の訳者註（3）を参照されたい。
（2）銭単士釐の生年を一八五八年としたのは、銭恂撰『呉興銭氏家乗』（『清代民国名人家譜選刊』所収、北京燕山出版社、二〇〇五年）が単士釐の生年を一八五八年としていることと、一九四二年（壬午の年）に彼女が羅守巽（羅振玉の姪）宛ての書簡の末尾に「銭単士釐、識《し》るす。時、年（年齢）、八十五」と記していたことなどによる。
（3）高木理久夫編「銭恂年譜」（『早稲田大学図書館紀要』五六、二〇〇九年三月、所収）は単士釐の出生地の新しい地方誌『粛山県志』（浙江出版社、一九八七年）や『嘉興市志』（中国書籍出版社、一九九七年）などに依拠してこの女性の没年を一九四五年としている。また、邱巍も前掲書において単士釐の死去を彼女の生前の関係者に告げる銭稲孫らの『告訃』の記述を根拠として、彼女の死去の年月日を一九四五年三月二七日としている。以上の研究により、彼女の没年を一九四三年とした鍾叔河説はすでに完全に否定されたことになる。
（4）近現代中国の学者、教育者。銭恂の長子、銭玄同の甥。字は介眉《かいび》、浙江省呉興の人、生年は一八八七年、没年は一九六六年。一八九九年、父母に従ってはじめて訪日、慶應義塾普通部（小学校）、成城学校を経て東京高等師範学校附属中学を卒業したが、将校となるという当初の計画を変更して帰国した。その後父がイタリア公使となるとローマ大学に留学、イタリア語やフランス語、美術、医学などを学んだ。帰国後には中華民国北京政府教育部の主事や視学、北京図書館主任、北京大学図書館主任、清華大学図書館主任などを経て北京大学、清華大学などの講師となり、さらに同両大学の教授へと昇進した。知日派の学者で日本文学に精通、芸術と医学にも造詣が深く、魯迅・周作人兄弟や多くの日本人と親交があった。彼は日本の書籍の収集家としても名高く、その蔵書は自宅に設立した泉寿東文書蔵という私設図書館に収蔵されて広く日本文化の研究に役立てられた。

一九三七年に日中戦争が起こり、北京が日本軍に占領されると、北京に成立した傀儡政権に要請されて「偽北京大学」の校長（学長）となった。しかし、日本の敗戦後、蒋介石の国民政府に戦争中に日本に協力した「漢奸」の一人として裁判にかけられ、一九四六年には「懲役十年、公民権剥奪六年」の判決を受けた。銭稲孫の学術研究での業績には、古代日本の詩歌を漢訳した『日本詩歌選』と『漢訳万葉集』、近世日本文学を代表する二人の作家の作品を漢訳した『近松門左衛門・井原西鶴選集』などがある。中華人民共和国成立後にも戦争中の「対日協力」への非難はなくならず、苦しい状況が続いた。しかし、彼は日本の文学作品漢訳の任務を放棄しようとはしなかった。この時期には彼は古代日本文学の大作『源氏物語』の漢訳に取り組むとともに、有吉佐和子の『木偶浄瑠璃』や山代巴の『板東之歌』など、現代日本の文学作品の漢訳にも従事するようになった。彼が苦心して漢訳した『源氏物語』の膨大な原稿は文化大革命中の騒乱のなかで行方不明になったとされている。邱巍の前掲書第六章「銭稲孫――生平和思想」は今日の中国の銭稲孫研究の最もすぐれた学術論文であり、日本の研究者にも極めて有益な労作である。

（5）　彼女の生母は許氏、継母は費氏であった。両人は夫が嘉興県学の教諭であったので、死後には六品の官員の妻として清廷より「安人」という称号を授けられた。
（6）銭恂撰『呉興銭氏家乗』によれば、銭恂の最初の妻（元配）は董氏であり、単士釐は後妻（継配）であった。銭恂の長女は彼と先妻との間に生まれ、浙江省帰安県の徐昭宣の夫人となった。
（7）註(4)に同じ。
（8）銭玄同は浙江省呉興の人。原名は夏、字は季中、号は徳潜。一九〇六年、兄銭恂が留日学生監督に任じられた時に兄に随同して訪日し、早稲田大学清国留学生部の留学生となる。留学中に東京で中国同盟会に加入、『民報』の主筆章炳麟に師事した。一九一〇年に帰国、辛亥革命で中華民国が成立すると、浙江省軍政府教育司の視学となった。一九一三年、兄銭恂が中華民国総統府顧問となると、再び兄に随同して北京に赴き北京高等師範学校附属中学の教員となる。三年後の一九一六年には北京高等師範学校（一九二三年に北京師範大学と改名）と北京大学の教授となる。一九一七年に陳独秀、胡適らが新文化運動（文学革命）を始めると彼はそれに共鳴、同運動の代表的な雑誌『新青年』の編集に参加、自らも文字改革と古文献史料の科学的検討の必要性を力説して新文化運動に貢献した。その後一九三七年に日中戦争が起こると、彼が勤務する北京師範大学は西安に移転して「抗日」の戦いを継続した。しかし、彼は高血圧症のためにやむなく北京に留まる。その際に彼は「自分は北京に留まっていても決して漢奸とはならない」と明言、その後も繰り返し「日偽の順民とはならない」と叫んで対日非協力の姿勢を崩さなかった。一九三九年一月、日本軍占領下の北京で脳溢血により死去する。

（9）『呉興銭氏家乗』。銭稻孫は、一八九九年に父母と兄に随同して訪日、翌一九〇〇年に慶應義塾普通部（小学校）に入学した。一九〇三年、同校を卒業して東京高等師範学校附属中学に入学し、一九〇八年に同中学校を卒業した。同年、札幌農科大学の予科に入学、一九一一年に同大学予科を修了した。同年、東北帝国大学農学部に入学、一九一四年に同大学同学部を卒業した。翌一九一五年に帰国して中華民国の高等官試験に合格、北京政府農商部に奉職した。その後、北京や瀋陽などで教職につくが、一九三二年の「満州国」成立後には「満州国」鉄路総局に入り、中東鉄道督弁署顧問となった。一九二七年の銭恂の死後、彼は母単士釐を瀋陽に迎えて約一〇年間「奉養」した後に、一九三六年に瀋陽で病死している。死亡した年には冀察政務委員会外交委員会委員に選出されていたという。彼の妻は施佳貴、彼と同郷の挙人施紹常の娘であった。

（10）『呉興銭氏家乗』によれば、一九〇四年発行の『癸卯旅行記』の鉛印本（刊本）は上海の国学社より発行された、という。このことは『癸卯旅行記』の鉛印本は東京の同文印刷舎より刊行されたとするこれまでの通説とは矛盾するようにも思われる。しかし、『癸卯旅行記』の鉛印本の発行元は間違いなく東京の同文印刷舎である。上海の国学社はこの本の「総代售処」、すなわち販売総代理店であった。訳者はこの事実を早稲田大学図書館所蔵の鉛印本によって初めて確認することができた。この貴重な史料の閲覧を許可下された早稲田大学中央図書館資料管理課の各位にこの場を借りて御礼申し上げたい。

（11）この本の刊本は二種類ある。それらはいずれも帰安（現在の呉興）銭氏家刻毛本を底本とした楊堅校点本であるが、一つは一九八一年に湖南人民出版社より、他の一つは一九八五年に岳麓書舎出版より、刊行されている。
(12) この詩集の刊本は羅守巽所蔵の抄本を底本とした陳鴻祥校点本である。これは一九八六年に湖南文芸出版社より刊行された。
(13) この書の刊本はまだ発行されていない。現存するものは稿本か抄本のみであると思われる。
(14) 邱巍前掲書は「緒論」三「銭家成員已有的研究論述」において、中国と台湾における単士釐関係の主要な研究論文を紹介し、それらの特徴的な論点と問題点を的確に指摘している。
(15) 高木理久夫編註(3)引用「銭恂年譜」。
(16) 高木理久夫「早稲田大学開校期における銭恂の寄贈図書について」(『早稲田大学図書館紀要』五五、二〇〇八年三月)。
(17) 左近幸村編著『近代東北アジアの誕生――跨境史への試み』(北海道大学出版会、二〇〇八年)などを参照。

# 凡例

一、本書は、銭単士釐撰『癸卯旅行記』の漢文の原文を訓読して書き下したものである。

二、底本は、一九〇四年に東京の同文印刷舎より刊行された鉛印本である。但し、原文を訓読する際には、一九八〇年代に中国の湖南人民出版社と岳麓書舎から刊行された『走向世界叢書』所収『癸卯旅行記』（楊堅校点本）を参考にした。

三、撰者の付した註は、本文と同様に書き下して〔 〕に入れ本文の該当する箇所に収めた。

四、訳者が付した註は、（ ）に収めて本文に組み込んだほか、必要に応じて番号をつけ、「訳者註」として本文の末尾にまとめて配置した。

五、原書には上・中・下各巻の内容を示す表題がないが、本書には各巻毎に四個もしくは五個の見出しをつけた。

六、原書には図版はほとんどない。本書では撰者の旅行地の当時の状況をよく示す図版を適宜補って読者の参考に資した。

七、原書には、清朝の暦（陰暦）による年月日とそれらに対応する陽暦の年月日が並記されているが、本書も年月日については原書の方式を踏襲した。

八、漢字は特に必要と見なした場合を除き、常用漢字によった。

九、文語文の日本語史料を引用する場合には、句読点、濁点等を補った。

# 目次

## 巻　中



## 巻　下

銭恂（右）と陸徴祥（左）

中国駐ロシア公使 胡惟徳

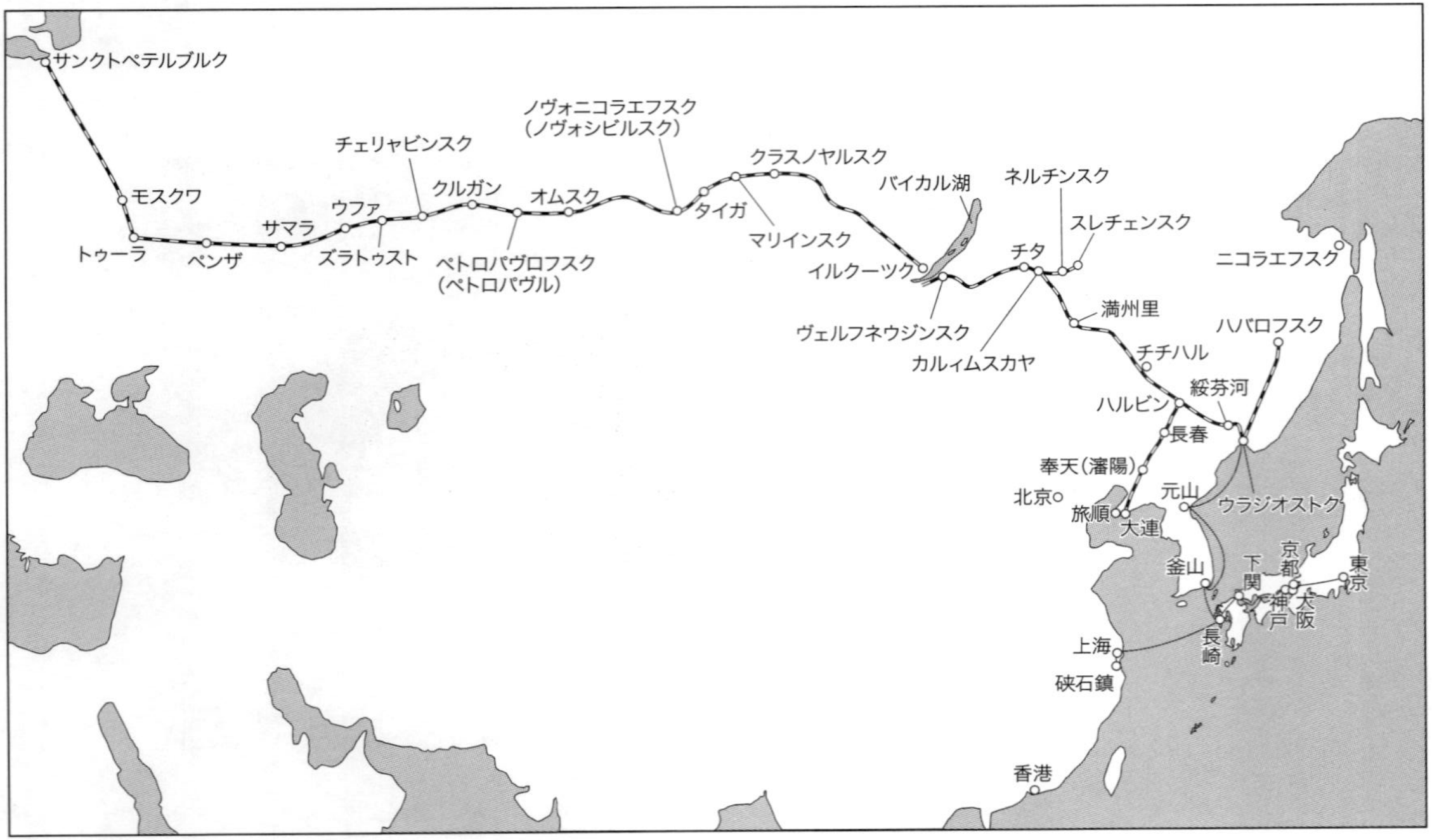
サンクトペテルブルク
モスクワ
トゥーラ
ペンザ
サマラ
ウファ
ズラトゥスト
チェリャビンスク
クルガン
ペトロパヴロフスク
(ペトロパヴル)
オムスク
ノヴォニコラエフスク
(ノヴォシビルスク)
タイガ
マリインスク
クラスノヤルスク
イルクーツク
バイカル湖
ヴェルフネウジンスク
カルィムスカヤ
チタ
ネルチンスク
スレチェンスク
ニコラエフスク
満州里
ハバロフスク
チチハル
綏芬河
ハルビン
長春
奉天(瀋陽)
北京
旅順
大連
元山
ウラジオストク
釜山
下関
京都
東京
神戸
大阪
長崎
上海
硤石鎮
香港

『癸卯旅行記』行程図

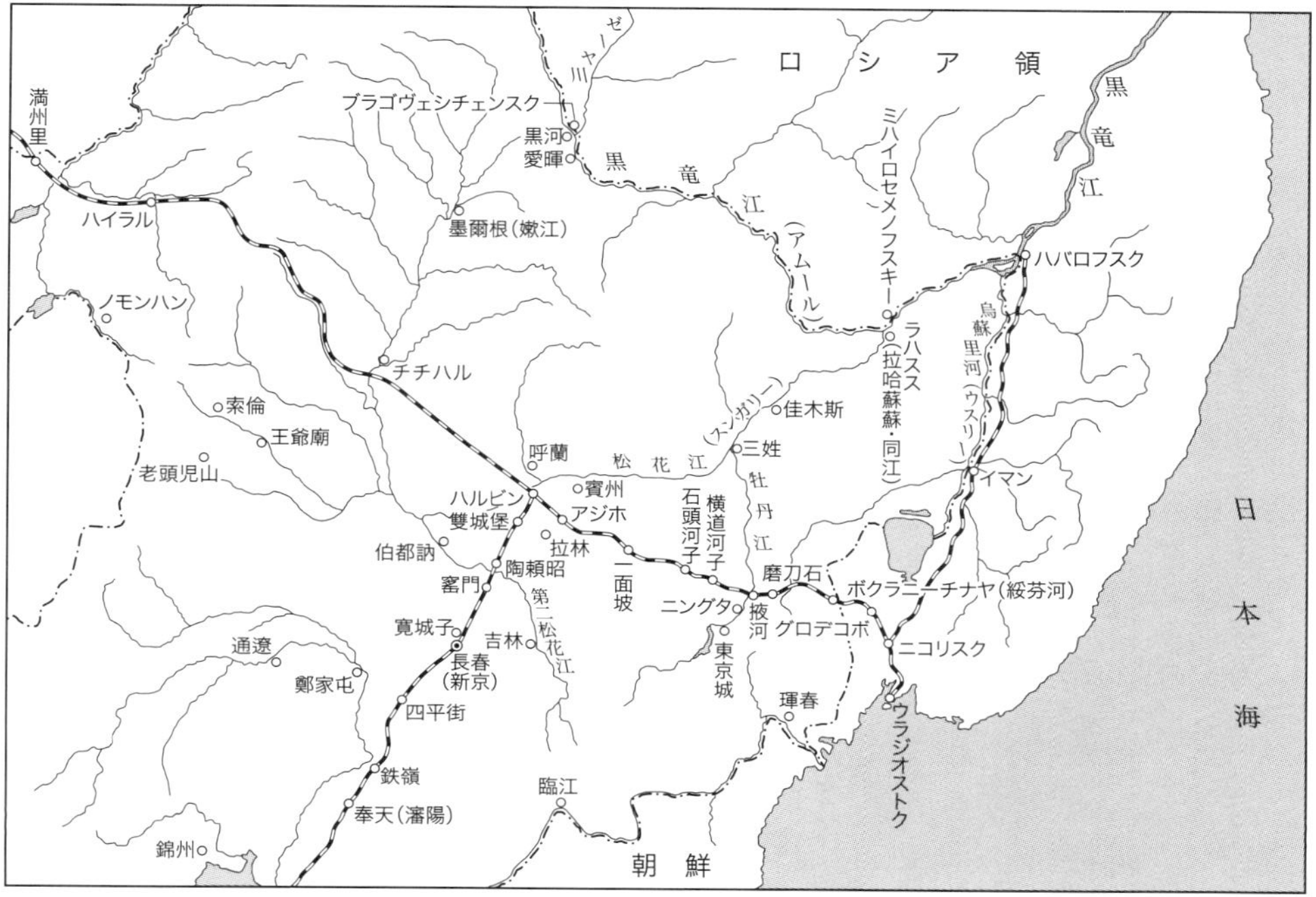


日露戦争直前の満州要図

# 癸卯旅行記

# 癸卯旅行記目

巻　上

日本の東京より発ち、大阪の博覧会を観て中国に帰る。再び道、日本朝鮮両国を経て俄（ロシア）の海参崴（ウラジオストク）に至る。

巻　中

海参崴より発ち、暫らく哈爾賓（ハルビン）に駐す。（その後）再び鉄道（満州鉄道）の幹路（幹線）に循《したが》いて国境の満州里に至る。

巻　下

満州里より発ちて貝加爾湖（バイカル湖）を渡る。西伯利（シベリア）の長鉄道（長距離鉄道）を経て烏拉嶺（ウラル）を越ゆ。莫斯科（モスクワ）に駐して俄都（ロシアの首都）森堡（ペテルブルク）に至る。

# 題　記（巻頭の言）

右日記三巻、予（私）の妻単士釐(1)の撰（著述）する所にして、三万数千言を以て二万数千里の行程を記せり。（此）、中国の婦女の未だ曾て有せざる所を得るなり。方今（近年）、女学（女子教育）漸次《ぜんじ》（しだいに）萌《おこ》り、女智（女性の学識）、漸く開けば、必ず此を読むを楽しむ者有らん。故に（予）、稍《やや》為に句読《くとう》(2)を損益（変改）し、以て世に公にす。

銭　恂(3)

# 自序

回憶（回想）するに、歳、己亥《きがい》（光緒《こうしょ／こうちょ》二五年 一八九九年）に在《お》いて、外子《がいし》（予（私）の夫）、日本に駐す。予、両子（二人の男の子）[4]を率《ひき》いて継ぎ往けり。是《これ》、予の疆（国土）を出る始めを為す。是に嗣《つ》ぎて庚子《こうし》（一九〇〇年）、辛丑《しんちゅう》（一九〇一年）、壬寅《じんいん》（一九〇二年）の間、歳として行かざる無く、或いは一航、或いは再航す。往復既に頻（頻繁）にして、寄居（国外（日本）での滞在と生活）も又た久しければ、東国（日本）を視《み》ること郷井（故郷）の如し。今、癸卯《きぼう》（光緒二九年 一九〇三年）、外子、将《まさ》に西伯利（シベリア）の長鉄道（長距離鉄道、シベリア鉄道）を蹈《ふ》みて欧俄之遊（ヨーロッパ・ロシアへの旅）を為さんとすれば、予も喜びて相い偕《とも》にす。十余年来、予、日に記す所有りて未だ嘗て間断あらざるも、顧みるに煩細《はんさい》（煩わしきもの）にして存（保存）するに足る者無し。惟《た》だ此の一段の旅行日記のみ、歴日八十、行路二万（二万里）を逾《こ》え、国を履《ふ》む、凡《およ》そ四（中国、朝鮮、日本、ロシアの四国）、頗る以て聞見（見聞）を広むる可し。録して（日本の同文印刷舎員）並木に付（手渡）し、名づけて『癸卯旅行記』と曰う。我が同胞の婦女、或いは亦た此を覧《み》て遠征の羨（羨望）を起こさん乎。予、跂《つまだ》ちて之を望めり。

浙江銭単士釐、俄都（ロシアの首都）森堡（ペテルブルク）に於いて志《しる》す。

# 巻上

# 一　東京よりの出発

**光緒二十九年二月十七日（陽（西暦）三月十五日）**

黎明《れいめい》（明け方）、日本の東京の寓廬《ぐうろ》（仮住居、東京市芝区三田綱町一）より発《た》つ。是の行たるや、両子（銭恂の二人の息子銭稲孫と銭穟孫）と一婦（長子銭稲孫の妻包豊保）(5)、一女婿（銭恂の次女銭潤輝の夫董鴻褘）、（並びに）三外孫（銭恂の長女銭蘊輝の二人の子と次女の一人の子）を東京に留むれば、遠別、黯然《あんぜん》（悲しくて心が沈む）無き能《あた》わんや。然《しか》れども両子と（その）一婦（長子の妻）、一婿（次女の夫）、（東京の）四校に分隷《ぶんれい》（分属）して留学し、漸々進歩しつつあり。外子（夫）、英（イギリス）、法（フランス）、徳（ドイツ）、俄（ロシア）（に外交官として駐在する）を経歴する(6)より後、道徳教育、精神教育、科学教育、均しく日本の切実（適切）にして法（手本）とす可《べ》きに如《し》く者無きを知り、毅然《きぜん》として稚弱《ちじゃく》（幼き者やかよわき者）に命じて此の邦に留学さす。正《まさ》に是、稚弱の幸福ならん。何ぞ別れを惜しむこと、之《これ》有らんや。且つ予（私）、欧州の情状を一覧、以て日本と相い比較するを得れば、亦た一楽事なり。時に（日本）、大阪に於いて正に第五回内国博覧会[7]を開きおれば、尤《もっと》も一観するを喜ぶ。遂に長子婦（長子の婦人包豊保）に命じ（予等に）侍《じ》して大阪に往き、会を観《み》さしめ、工芸上、教育上に多少の知識を増さしめんとす。午前七時余、汽車、新橋駅を発つ。家人の外、同国人（中国人）、日本人の送行する者数十。汽笛一声、（汽車）春雨溟濛《しゅんうめいぼう》（春雨で風景がぼんやりと霞む）のなかを、遂に長途（長期の旅）に就《つ》く。新橋・神戸間、謂う所の東海道（東海道線）なる者、予、已《すで》に三度経過するも、均しく晩に発ちて暁《あかつき》に（目的地に）達すれば、未だ風景を領略《りょうりゃく》（会得）するを得ず。此次（今回）、雨窓模糊《うそうもこ》と雖《いえど》も、究《ひっきょう》、宵中《しょうちゅう》（夜間）に比ぶれば明亮《めいりょう》（明るい）なり。山北（当時の東海道線の駅の一つ、一九三四年一二月の丹那トンネル開通後には御殿場線の駅となっている）より御殿場駅に至る（間）、隧道《すいどう》（トンネル）を穿過《せんか》（穿ち通す）する少なからず。急湍《きゅうぜい》（急流）、峻嶺《しゅんれい》（険しい山）の翠柏蒼松《すいはくそうしょう》（青緑色の柏や深緑色の松）、廿余年前に括蒼《かっそう》（中国浙江省仙居県東南部にある風景優美な山）の道上に遊ぶを彷彿《ほうふつ》（思い浮かべる）せしむ。琵琶湖の南を過ぎ、西京（京都）の近郷に入れば、道を夾《はさ》む田疇《でんちゅう》（田畑）、正に耕作を事とし、一種の農家の楽境を現す。午前九時半、大阪に抵（至）り、環龍旅館に寓す。新橋より大阪に至る、凡そ日本の三百五十六里半なり。〔日本の一里は中国の六里に当たる〕。

# 二　大阪での第五回内国勧業博覧会見学と京都遊覧

## 二月十八日（陽三月十六日）

博覧会を観《み》る。外子、日本外務省の招待を承《う》け会（博覧会）に赴《おもむ》く賓（賓客）となれば、優待券を有す。予、相い偕《とも》に往く。外子云う、「昔年の法国（フランス）巴黎（パリ）の盛（一八八九年や一九〇〇年のパリ万国博覧会の盛況）に如《し》かざると雖も、局面、已《すで》に小さからず。況や既に内国博覧会と云えば、自ずから万国博覧会(8)と相い比擬《ひぎ》（ひきくらべる）する能《あた》わず、而《しか》れども、其れが国民の争競（競争）の心を喚起する、則ち一（同一）也」と。会場の地、凡そ十万坪（約三四平方メートル）、其の中の（一）万二千坪、建築の館舎（パビリオン）なり。会中、凡そ十館に分かつ。匯記《かいき》（まとめて記す）するに左の如し。

曰く工芸館（工業館）と。此の会の主中の主たり。棟宇《とうう》連亘《れんえん》（建物がいくつも連なり）、品物《しなもの》充牣《じゅうじん》（展示品がみちあふれる）、他館より盛を為す。一として本国（自国）の人工の成す所に非ざる無し。此の会（内国博覧会）、五年毎に一回（開かれ）、以て其の前次（前回）の会と相い較べて工作（工業）の進歩の程度を験《しら》ぶる。故に精製、固《もとよ》り共に珍ぶ所なるも、即《たとえ》粗製なりとも、亦た棄てざる所に在り。更に助くるに図画、模型、解説書等を以てし、務《つと》めて覧《み》る者をして其の発達状況を瞭然《りょうぜん》たらしむ（はっきりわからせる）。館中の執役人（担当者）、尚《な》お、女、男より少なし。窃《ひそ》かに度《はか》るに、（次の）第六回の会にありては、必ず女は男より多からん。華人（中国人）、向《さき》に此種の会を「賽珍《さいちん》（珍しさを競う会）」と曰い、「賽奇《さいき》（奇異を競う会）」と曰うは、皆、会意（会の趣旨）と相い刺謬《しびゅう》（矛盾）するなり。

曰く教育館と。日本の、今日の世界に立ち、由《よ》りて亡（滅亡）を免れ列強に躋《のぼ》る所以《ゆえん》の者、惟《た》だ教育有るが故なり。即ち能《よ》く此の第五回博覧会を設くる所以《ゆえん》も、亦た、教育有るの故を以てす。館中、文部（文部省）及び各公立私立学校の種々の教育用品と各種の新学術の用を需《ま》つ器械、医学の一門（部門）に於いて尤《もっと》も夥《おびただ》し。更に種々の比較品を列して覧《み》る者をして其の三十年来の進歩の程度を考見するを得さしむ。年来、外子、教育界に於いて、極めて心得を有す。故に（予に与える）指示（教示）、詳《くわしき》を加うれば（予）、始めて「国の由《よ》りて立つ所、人に在り、人の由《よ》りて立つ所、教育に在る」を信ず。教（教育）有れば、必ず育有り、育も亦た、即ち教に出る。謂う所の徳育、智育、体育なる者、之を尽《つ》くす矣。教の道、之を十歳内外の数年中の謂う所の小学校に基づく者を貴《とうと》び、尤《もっと》も之を小学校後五年中の謂う所の中学校に養う者を貴ぶ。精神を過ぎて尚《とうと》ばず、脳力を過ぎて労させず、而《しか》も人生に於いて用を需《ま》つ科学、又た門（部門）の備えざる無し。日本、誠に教に善なる哉。

中国、向《さき》に古学（古典研究の学問）を以て人に教う。近（近年）、其の用に切ならざる（適切でない）を悟り、翻然《ほんぜん》と図（企図）を改め、大率《おおむね》必ず英文（英語）或いは東文（日本語）なる一門（部門）の功課《こうか》（科目）を有らしむ。試みに、本国文（自国語）、尚お未だ教授せずして、何ぞ遽《にわか》に外国文（外国語）を授くること能《あた》うと思わんや。論ずる無く、其れ成らざる也。即《たと》え成るも、亦た安《いずくん》ぞ此の無数の（事情を知らない）外国文（外国語）に通ずる者を用いて（ものごとを）為さしめん哉。之を要するに、教育の意、乃《すなわ》ち、是《これ》、本国（自国）の為に国民を培育《ばいいく》（育成）するにして、並（決）して政府の為に人材を儲備《ちょび》（たくわえそなえる）するに非ず。故に（教育）、男女並びて重し。且つ孩童《がいどう》（児童）、先ず母の教（教育）に本づかざる無し。故に教育の根本を論ずれば、女、尤《もっと》も男より重きを倍にす。中国、近今、亦た教育を論ずる矣。但し、多くは人材なる一辺より着想して尚お未だ重きを国民には注がず。故に女子教育を談ずる者、猶お少なし。即ち男子教育も、亦た材を多くし芸を多からしめ、大は政府の指使《しし》（用務）に備え、小は自ら生計を謀《はか》るを為さしむるに過ぎざるは、嘆くべし。況や国民無くして人材有るを得る無く、国民無くして、且つ一社会を成さざるをや。中国の前途、晨《しん》（朝）になるも鶏が未だ唱わざるが如し。彼（この日本の内国博覧会）の教育館を観《み》て、（予）、感慨に勝《た》えざりき。

農業館と曰く。凡そ植物及び畜牧（牧畜）、皆これに隷（属）す。即ち米の一種の如き、匣《こう》（小さな箱）毎に僅かに（一）合許《ばかり》を装《よそお》う（入れる）、凡そ数百匣、蓋《けだ》し其れが何地の所産なるかと、何の種（種類）の肥料の培（つちかう）する所なるかを別《わ》くるならん。売約（売買の取りきめ）、（博覧会）開始（開会）の甫《はじめ》の一日にして、此の千百の匣、一人の尽《ことごと》く購得《こうとく》する所と為る。〔会例 凡そ会中に買う物品、（会中に留め）、会の散ずるを俟《ま》ちて始めて取り去る〕。見る可し、彼の中の人（この博覧会の主催者）、心を実業に留むるを。

林業館と曰く。此の業、各国、均しく以て巨額の収入と為すを聞く。日本も、亦た各国の例に倣《なら》い、帝室産（即ち御料林）、国有産（国有林）、民有産（民有林）の三種に分かつ。国有産、最も多く、民有産、之に次ぎ、帝室産、独《ひと》り少なし。（これに関する）比較図の懸示《けんじ》（掲示）有り。（我が同胞）、或いは帝有と国有の迥別《けいべつ》（大きな違い）を知らざらん。故に特に之を掲《かか》げり。

水産館と曰く。魚鮓《ぎょさ》（塩漬けの魚）、海苔（のり・わかめ）等類を陳列す。魚、本《もと》より日本の独《ひと》り富む所なり。漁（漁業）も又た日本の擅長《せんちょう》（独りその技に優れる）する所なり。其の漁法、漁具、時に随い、地に随い、魚に随いて異なる。（これらを）分けて示す、極めて細《こま》やかなり。寧波《ニンポー》（中国浙江省の著名な港湾都市）の漁具、欧美（欧米）に艶称《えんしょう》（ほめはや）さると聞くも、惜しむらくは、会の以て之を表顕《ひょうけん》（顕彰）する無し。

機械館と曰く。此館の陳《なら》ぶる所、亦た日本の自ら造る所のみ。而《しか》も其の式用（形態や運用法）、皆西方より学びし者なり。

通運館（通信・運輸館）と曰く。汽車、汽船、電線等、これに属す。（この館の製品）、亦た法（手本）を西国に取り、而《しか》も一として西国の品（欧米製のもの）無し。

美術館と曰く。（この館に陳列する）、絵繍《かいしゅう》（絵画と刺繍）、彫刻、摶塑《せんそ》（粘土や石膏などをこねて作る人や物の像）の属なり。而して絵繍、尤《もっと》も多し。各館、売約品少なからず。而《しか》れども此館の売済（売却済み）の者、独《ひと》り多からざるは、豈《あに》価値（価格）較昂《よりたか》きなるがゆえか。抑《はたまた》風俗、尚お朴（素朴）なるがゆえなるか。一繍虎（刺繍の虎）の草石の間に踞《きょ》（うずくまる）する有り。

初めて見るに彩色無し。白・黒・青三種にて濃淡を渲染《せんせん》（輪郭のあるところを薄くぬる）するに過ぎざるのみ。然るに其の繍する所の線を陳《のぶ》れば、多きこと一百六十余種に至る。絵影絵声《かいえいかいせい》（絵に姿や声が見え聞こえるように巧みに描写する）の絶技、浅深（濃淡）を分析するに外ならず、浅深烘託《せんしんこうたく》（濃淡をひきたたせる）して光が出、光出でて影（絵影）と声（絵声）、均しく現るるを知る矣。東京工業学校（一八八一年設立の東京職工学校が一八九〇年に改名したもの。一九〇一年には東京高等工業学校と校名を再度変更する）、（予）、昔（以前）、曾て一観せり。其の染色一科（染色科）、先に光化より着手す。故に彩色、目を奪う。而《しか》れども繍に在りて尤《もっと》も難ならん。

台湾館と曰く。凡そ台湾の物産と工作（製品）、皆焉《ここ》に列す。其の六七年来の工作を観て夫《か》の十年前の工作と相い較《くら》ぶれば、其の進歩の速き、人をして驚訝《きょうが》（おどろきいぶからせ）せしめて已《や》まず。昔の何と拙《つたな》く、今の何と巧みなるや。夫《そ》れ、亦た人の為すに在る耳。草席（植物を材料とした敷物類）、樟脳《しょうのう》、蔗糖、海塩、尤《もっと》も今、昔より勝る。且つ新発明の有用物品、多くは十年前の人の知るに及ばざる所の者なり。再び（更に）二三十年を越ゆれば、必ず日本の一大富源を為さん。

参考館と曰く。日本の此の会、内国の工芸（工業）の為に設くると雖も、其の意、未だ嘗て他年の万国博覧会の基礎と為さんと欲さざるとせず。乃ち此の参考館を設くる、外国物品を陳列するの所たり。然れども西方の工商（商工業）の程度の已《すで》に高き国、物品を幼稚の日本に送るを願うは稀《まれ》なり。故に列する所の西品（西洋の物品）、日商（日本の商社）の西方より販（購入）するものと、西商（欧米の商社）の横浜において販售する者のみ。中国、則ち日本領事が政府（清朝政府）及び各督撫（各省の総督と巡撫）に向けて敦《あつ》く勧むるに由《よ》り、故に勉《つと》めて物品を出し、以てその請に応《こた》えり。（各省にては）、湖北、首に居り、四川、之に随う。各《おのおの》一小区有り、物、数十種を列す。人工の物と天然の物、並陳《へいちん》（いっしょにならべる）すると雖も、意、工商（商工業）を勧むるに在りて珍奇を競うには在らざれば、已《すで》に会旨（会の趣旨）と相い合う。山東の物と両江（江蘇と江西）の物、遅れて至れば、陳《なら》ぶ可き地無く〔会に預からんと欲すれば、必ず先に彼の政府に向かいて地の若干を定むるを要す。湖北、預め定むるを以て、故に地有るなり。他省、則ち否なり〕、尚お篋《きょう》（長方形の箱）を啓《ひら》かず。福建の物、台湾館の隅に列す。（このこと）、大いに学生（中国からの日本留学生）の感情（怒りの念）を起こす。現（今）（学生、博覧会当局と）正に談判中なり。[9] 此次（今回）、中国の各省、博覧会に候補道（道の長官の資格を有するもその本務につけずに待機している官員）一二人を派遣して各々其の省の事務を総《す》（総括）べさしむ。且つ別に多数の遊覧官（特別に派遣された視察官）有り。北京政府（清朝政府）、更に勲貴（皇族や功労のある高官）を派して会に預からしむ。[10] 他日、諸巨公（これらの皇族や高宜)、帰国して何の報告有り、会意を闡明《せんめい》(ひらきあきらかにする)すること能《あた》うや否や。

畜牧場(動物館)と曰く。(これ)、牛馬等の家畜の欄(柵)を備《そな》う。然れども、畜物(家畜)、尚お未だ会に進《はい》らず。

体育会(体育会場)と曰く。(これ)、各種の体操及び自転車等の運動の器具を研究する事を為す。

植物場(植物園)と曰く。(これ)、花果(花や果樹)及び園庭の栽樹(樹木栽培)の模範(となるもの)を蒔(移し植)え、種植の法を標明す。何等(何)を培養すれば何種の結果を得るや、其の理、浅易《せんい》(平易)なれば、頗る民の用に便なり。(また)、習見の(見なれた)品、多きを為し、珍卉《ちんき》(めずらしい草花)、概して見えず。

各館中に有る所の各肆《し》(商店)、各会(商会)、其の装飾点綴《そうしょくてんてつ》(その場にふさわしく装飾品を巧みに配置)して千百に一として同じ者無く、各《おのおの》其の列する所の物品に因《よ》り、以て情致(情趣)を生ず。金工物(金細工)列する者の如きは、其の装飾、金類多し。繍物を列する者、其の装飾、即ち繍屏《しゅうびょう》（刺繍した屏風）と彩幛《さいしょう》（慶事に際して贈られて会場の壁面に掛けて飾るもの）なり。林業館の各門の若《ごと》きは、多く木材を用いて嵌合《かんごう》す（嵌め込む）。農業館の各門、多くは疏籬《しょり》瓜蔓《かまん》（まばらな垣根に瓜がのびる様子）を状《あらわ》し、一種の村朴（村の素朴）の景象を作《な》す。糖品室有り、即ち（一）丈余の巨蔗十数を列し、以て門垣《もんえん》（門や垣根）に当《あ》つ。此其の余事、亦た頗る物に即し、景に即したる趣を見るに足る。外子云う、「彼の一切の布置と配合、悉《ことごと》く西法に符（符号）す。其の辨事《べんじ》（処置）の苟《なおざり》にせざるを徴《ちょう》（理解）す可し」と。その他、休憩所、遊戯所等、凡そ客に便にして客を娯《たのし》ます者数十処。並びに医療所有り。蓋し日に一二万人を一地に聚《あつ》むれば、安《いずく》ぞ必ず猝《にわか》に傷病に遭《あ》う者無からん乎。（また）一飲食所、名は牛乳模範店なる者有り。其の客に待（供）する食品、則ち牛肉、鶏肉、羊肉の外に、他の肴《こう》（魚・肉を用いた料理）無し（羊は日本人に最も珍しとさる）、牛乳、麦酒（ビール）の外に、他の飲料無し。而《しか》も選材の烹飪《ほうにん》（調理）と器皿、机椅、清潔ならざる無し。一客至れば、則ち牛乳一觥《こう》（杯）、肴三品を以て進め、糖及び乳脂、これに佐（添う）る、（その）価僅かに三十五銭なり。其の解説書（メニュー）の載《の》する所（云う）、「廉価にして精美の品を以て国人に衛生の法を示す」と。一飲食の微《び》にして、用意（心遣い）の周摯《しゅうし》（周到・真摯）なること、此の如し。

別院、赤十字会と曰く。列する所の品、皆治療に用ゆる所のものなり。刀圭《とうけい》（薬をはかる匙）、傷を護る布衣（包帯やガーゼなど）の如きは、潔なるも益《ますます》潔を求め、便なるも益《ますます》便を求めざる物無し。此の会の最も重んずるは軍用に在り。故に急治法（救急法）と搬運傷病人法（傷病人運搬法）、更に注意を為す。明治十年（一八七七年）に当たる時、入会者、僅かに三十余人なりしも、今年、已《すで》に増して十七万五千余人に至る。此、万国の合会（連合会）を為す。故に傷病を救護するに彼我を分かつ無し。両軍相い対すれば、敵人と雖も、亦た一体として救護す。外子云う、「予、昔（以前）俄国の克雷木（クリミア）地方にて俄英法戦争（クリミア戦争）の遺跡を観《み》たり。（その時）（そこに）尚お（この戦争において）俄后（ロシアのニコライ一世の皇后）が親しく手ずから傷病（傷病兵）を治療せし用品、薬瓶・薬布等の如きを存せり。蓋し各国の君后（君主とその后妃）、此の会中の人に非ざる無し。日本の皇后、亦た此の会の領袖にして、甲午の役（日清戦争）には親しく広島に駐在、病兵を治療せり。此の会に婦女の多きは、女子、心細（心くばりがこまやか）にして慈祥《じしょう》（慈悲深く優しい）なるに縁《よ》る。故に治療に尤《もっと》も宜《よろ》しきなり」と。

**二月十九日（陽三月十七日）**

仍《な》お博覧会に遊《ゆ》く。

## 二月二十日（陽三月十八日）

外子の得る所の優待券、本（本来）、東京、名古屋、西京（京都）の六七の離宮に遊《ゆ》くを可とす。（しかし）、東京に在りし時、治行忽々《ちこうこつこつ》（旅装を整えるのに慌ただしい）を以て、未だ遊《ゆ》くに及ばず。道、名古屋を経るも、又た未だ中途下車すること克《あた》わず。今日、特に汽車に乗り、西京に往きて一遊す。西京に入り、仰ぎ見るは、皆鬱翠《うっすい》（樹木が青々と茂る）の山にして、随所に清潔の流れ有り。街衢《がいく》（市街）の広潔と民風の朴質、遠く東京に勝る。汽車を下り電車に乗りて、離宮の御所と名のる者(1)の門前に抵（至）る。歩きて苑に入る。松、柏、梅、柳、道を夾《はさ》みて池に臨《のぞ》む。寂静と厳粛、唐人（唐代中国の人）早朝の詩を誦するを彷彿《ほうふつ》せしむ。広き苑を徘《はい》徊《かい》し、応《まさ》に何門より入るべきかを知らざりし時に、一書生（学生）に遇す。彼、詢《と》う、「何《いずこ》に往くや」と。（予）以《い》う「離宮に入るを欲す」と。彼、特に為に詢問《じゅんもん》して確認、（予らを）導きて一門に至らす。外子、名刺と優待券を出して守官（門衛）に示すに、守官、外子等を導きて室に入れ、簿（名簿）に姓名を書くを請う。日本、西例を用い、妻子を挈《けい》（ひきつれる）して遊ぶを得る。故に予および子婦（長子の妻）、均しく随入せり。

守官（予等を）導き遊《ゆ》く（御所の）十余所の宮殿、尽《ことごと》く広潔、古雅《こが》（古くてみやび）にして、唐宋の遺型を見るを想わす。外子言う、「此、西国宮殿と（比ぶれば）、華朴天淵なり（華やかさと質素さに天と深淵との違いがある）、西国の宮殿、一石の嵌《かん》、一牖《ゆう》（窓）の彫（といえども）、動《ややもすれば》千万金を以て相い誇る、陳列品、珠鑽《しゅさん》（玉とダイヤモンド）の珍奇に非ざる無し」と。予、益《ますます》日本の欧美（欧米）を崇拝する、専ら実用に務《つと》め、焜燿《こんよう》（明るく輝く）を尚《とうと》ばざるを知る。東京の市《いち》（商店街）に入れば、售する所の西派（洋風）の品物も、亦た図籍（地図や書籍）、多を為し、工芸（工業製品）、多を為す、上海の謂う所の洋行（外国商社）なる者の尽《ことごと》く時計、指輪、以て玩物（玩具）に及ぶに如《し》かざる也。故に上海より日本に往きて遊ぶ者、大率《おおむね》其の貧弱を嘆《なげ》くは、正に坐して日本の用意（意図）を知らざる耳。藻井《そうせい》（天井が方形の小さな枠となっており、一枠ごとに絵や模様が描かれているもの）、屏隔《びょうかく》、多半、名人が中国の古聖賢の像及び事迹を絵とし画として、人をして景慕（敬慕）の心を起こさしむ。元旦に賀を受くる殿、泉石花木、広庭に点綴《てんてつ》（ほどよく取り合わせて飾る）して風景最も佳《よ》し。欄に憑《もた》れ駐して望めば、心神《しんしん》怡曠《いこう》（心身がゆったりとして楽しい）なり。

遊畢《おわ》り辞して出る。前の導引の書生（学生）、門に候《ま》ち、堅く邀《よう》し（招き）て其の学校に遊《ゆ》かしむ。是の日、校中、休暇、引きて一切を観《み》さしむる、頗る詳し。且つ特に化学の数種（の実験）を試みて観《み》せる。出でて金閣寺に遊く。（此の寺）、本名鹿苑寺《ろくおんじ》、西京の名所也。山水池石、楼榭花木、一として古風の華式に非ざる無し。寺僧、古法を以て茶を烹《た》て進む。日本人、此を好む。今、女教（女教師）中、尚お此の一種の古派を留むるあり。昔（以前）、愛住女学校長小具貞子の家に在りて曾て之を飲む。彼（小具校長）、烹法と飲法を道《い》（言）う、頗る詳（詳細）なり。唐宋の筆記、吟詠の煎茶と言う者を読むに、略《やや》（少しく）或いは之に似る。

寺を出る。已《すで》に晩なれば、二条離宮（二条城）及び本願寺に遊《ゆ》くに及ばず、汽車に遂《したが》いて大阪に返る。

車上にて新聞紙を購《か》いて之を読む。（それ）、俄帝（ロシア皇帝ニコライ二世）が先代（正しくは先々代）の皇帝（アレクサンドル二世）による農奴解放（諭告公布の）記念日に、又た新諭を頒《はん》（おおやけに）し、各派の信教（信仰）の自由を得るを允《ゆる》すを載《の》す。又た俄皇帝、地方自治制度を益《ますます》拡張するを許し、更に強制労働を受くる農民を救助するをも許せり。各報（各新聞）、称頌（賞賛）して置かず。予等、将《まさ》に俄行（ロシアへの旅と赴任）有らんとすれば、俄事（ロシアに関する情報）を聞けば、弥《いよいよ》意を留む。（されど）、俄の地方自治に於けるや、頗る其の政府の願う所には非ず。徒隣《ただ》（隣国）が文明を逼《せま》るを以て、稍《やや》門面の語（うわべだけの語）を作《な》すに非ざれば、何を以て自ら列強に儕《せい》（たぐい）せんや。故に思えらく、先の謂う所の自治なる者、乃お有名無実ならん、と。此次（今回）、重ねて新諭を頒《はん》（おおやけに）す、若《も》し官庁、果たして奉じて（これを）行なうを願えば、豈《あに》千百年来の俄国の一大革新に非ざらん乎。然れども、遠《えん》徴近験《ちょうきんけん》する（遠国での（改革の）兆しを身近な土地（日本）で確かめる）に、其の必ず能《あた》わざるを知る也。

## 二月二十一日（陽三月十九日）

上海の孫君実甫《じっぽ》、大阪に商《あきな》いする、有年矣。時局に明るく、中国の官気（官僚の習性）無く、外子の友となる。是の日、其の夫人と偕《とも》に予等を邀《よう》し（招き）て汽車に同乗、堺の水族館に遊《ゆ》く。堺は大阪を距つること遠からず。館も亦た博覧会中に附属せり。水族（魚介類）、百数十種、多くは壁の嵌《かん》に畜《いれ》られ、人の諦視《ていし》（つまびらかに見る）に便なり。嵌法、壁に穴をほりて水を注ぎ、上に玻璃《はり》（ガラス）を覆いて光を引き、内に玻璃を嵌《は》め、以て人目を引く。玻璃内、水流汩汩《すいりゅういついつ》（水が速く流れる）、沙石（砂と石）、荇草《こうそう》（水草と草）、各《おのおの》其の畜《い》る所の水族の本性に就《つ》き、以て配置を為す。其の中を遊泳する者、一に旧より習慣とする所の如くにし、以て其の生趣（生きる楽しみ）を遂《と》げしむ。巨大なる水族、別に畜《い》るるに水池水槽を以てし、各に其の名と産地を標《しる》す。適（まさにその時）小学校教師、幼生（幼い児童）二三十を率《ひき》いて来遊す。師、壁上に懸《か》くる図と字を指して諸生に示す。諸生、欣然《きんぜん》（喜びの表情を表して）領悟《りょうご》（理解）す。蓋し正しく読本（解説書）と相い印証（符号）するならん。予、未だ見ざる所を見んとして、目、給するに暇《いとま》あらず。外子言う、「巴黎（パリ）の水族館の品類、尚お此の如く多きこと能《あた》わず」と。孫君伉儷《こうれい》（孫君夫妻）、予等を堺の層楼（楼閣）に（招き宴席を設けて）飲せしむ（もてなす）。堺、海に瀕すれば（臨めば）、水族鮮美（新鮮で美味）なり。晩、大阪に帰る。

**二月二十二日（陽三月二十日）**

大雨竟日（終日）。予等、雨を冒《おか》して博覧会に遊《ゆ》く。是の日、遊人少なければ、予等、従容《しょうよう》（ゆったり）として細観するを得たり。会中にて飯を喫し（食事をし）、晩に寓所（宿舎）に帰る。中国の婦女、門より出づる（外出する）こと稀なり。更に大雨を冒し稠人広衆《ちゅうじんこうしゅう》（群衆の群がる）の場を歩行するは論ずる無し。予、因《よ》りて子婦（息子の妻、ここでは長子の妻包豊保をいう）に告げて曰く、「今日の行、専ら知識を拓開する為に見を起こす。雨中に躑躅《てきちょく》（足をとどめる）すると雖も、礼を越ゆる（守るべき礼法を踏み越える）とは為さず。況や爾《なんじ》舅姑（夫の父母）に侍して行くに於いてをや。但し、東京に帰りし後には、当《まさ》に校規（下田歌子創立の実践女学校の学則）を恪守《かくしゅ》（つつしみ守る）して軽々しく出る無かれ。予、謂《おもえ》らく、婦徳を論ずれば、究《ついに》中国を以て勝と為す。恨《うら》む所、学無きことなり耳。東国人（日本の婦人）、能《よ》く婦徳を守り、又た益《ます》に学を以てす。是《これ》、以て貴ぶ可し。夙《つと》に爾《なんじ》の君舅（尊舅）の言論を聞きて知る、西方の婦女、固《もとよ》り徳操に乏しからず。但し閑（しきり）を逾《こ》す者、究《ひっきょう》多し。酬酢《しゅうさく》の場中（客とやりとりをする応対の場）に在りては、談論風采、琴画歌舞、亦た何ぞ嘗て優美を表出せざらんや。

然れども、表面優美にして内部（内面）是に反すれば、何ぞ取るに足らんや。近今、論ずる者、事々に東（東洋）を詆《そし》りて西（西洋）を誉《ほ》むる。婦道に於いても、亦た然り。爾《なんじ》慎みて其れに惑わさるること勿《な》ければ可也」と。

# 三　神戸より上海へ

**二月二十三日（陽三月二十一日）**

今日、横浜の日本郵船（の船舶）、神戸に過《いた》（至）りて上海に向かうの期（期日）たり。予、外子とともに、応《まさ》に大阪より神戸に向かう附舟にて内渡し、「上海之行」を為すべく、先に子婦（長子の妻包豊保）を汽車に乗せて東京に帰らせんとす。弱き女子、千里を独《ひと》り行くは、外国に在りと雖も、亦た頗る心に懸《かか》る。幸い同車に女子有り。且つ已《すで》に期に先んじて東京校（東京の実践女学校）中の女幹事時任竹子《ときとうたけこ》君に属（依頼）し、時刻を按じて新橋停車場に相い迎えしむれば、必ずや慮（心配）無からん。（かくして）（予等）、遂に（大阪駅にて）（子婦と）道を分ちて馳《ゆ》く。

予等、神戸に至り、九時に西京丸に登る。此の舟、予、已《すで》に再度乗る矣。舟に松方幸次郎君有り。松方正義伯〔伯、曾て総理大臣及び大蔵大臣に任ず〕の子なり[12]。久しく欧美（欧米）に遊び、神戸〔川崎造船所〕に商（社長）となる。外子と教育を談じ船艦を談ずるの旧交を為す。（彼）、（外子と）西京丸に遇し、外子の将《まさ》に俄（ロシア）に遊《ゆ》かんとするを聞き、頗る驚き訝《いぶか》る。蓋し日本、外子を重視すれば、（外子の俄行を）「以て時局と絶大なる関係を有す」と為す。今、（外子）、日本を舎《す》てて北遊せんとするに、（彼）、疑い無きこと能《あた》わざるなり。豈《あに》、外子、年来、聞見すること太《あまりに》多く、知識も太《あまりに》早きを自悔、頗る静観主義を用い、老を娯《たのし》む私計を為して、何国に在るを論ずる無く、均しく（その国と）（特別の）関係を有する人と為るを願わざるを知らん乎[13]。

十時、舟（上海に向かいて）行く（出航する）。此の一段の海程、左右皆山、濃樹、疎を扶《たす》け、耕と漁、錯落し（入り乱れ）て風景絶佳の処を為す。夜に入れば、漁火《いさりび》の隠れ現るる、繁星（無数の星）の如し。西人、此《ここ》を過《とお》るに、毎《つね》に甲板上に坐して眺望、（そこを）去るに忍びず。予、八度此を経るも、亦た観覧して厭《あ》きず。

**二月二十四日（陽三月二十二日）**

午前四時、下関に抵（至）る。舟を泊《と》めて煤（石炭）を受く。此、日本の己国（自国）船の往来して煤を受くるに最良の港たり。昨年（一九〇二年）、予、汽車に乗りて此に到り、曾て乙未《いつび》（一八九五年）に（日本と中国の全権が）和を講ぜし所謂《いわゆる》春帆楼《しゅんぱんろう》なる者[14]を一訪せり。今、時局、更に変わる矣。午後三時、煤を受くること畢《おわ》り、（船）、開行（出発）せり。

## 二月二十五日（陽三月二十三日）

午前二時、夢の中に大声（轟音）の船底より発するを聞く。全舟、揺を為せば、必ず損《そこ》なうところ有るを知る。而《しか》れども行駛《こうし》（航行）略《ほとんど》停まらず。外子起きて観《み》るに、山近く波平なれば、大害（大きな損害）無からんと諒《おしはか》る。五時半、碇《いかり》を長崎港口に下ろす。（この時）、船底、岩に触《ふ》れて損を受け、水の貨艙《かそう》（積荷室）に入るを知る。同舟の俄人（ロシア人）四五、華人（中国人）十余、均しく倉皇し（あわてて）、渡《はしけ》を喚《よ》びて登陸（上陸）せり。外子、動くを為さざれば、予も亦た餐室（食堂）に安座す。九時、勉《つと》めて（無理に）船塢《せんう》（ドック）に曳入《えいにゅう》、舟、乃ち険より出る。塢名は立神《たてがみ》、長崎市の対岸に在り。塢中の水を瀉《おと》す、午後四時に至り、方《ようやく》畢《おわ》る。石級（石段）の層坡（堤防）、高さ三十余尺なれば、工程頗る巨なり。長崎、本《もと》より衝要（要衝）の港口なれば、時に外国船の入港して修繕を求むる有り。故に塢、凡そ三有り。予等、仍《な》お船に在りて静かに候《ま》つ。船乾《かわ》きたる塢中に処すれば、他の苦無し。惟《た》だ水源、不便なり。故に浴室、W・C（トイレ）、皆閉ずるは、最も困る事なり。幸い女僕（女性の給仕）、慇懃《いんぎん》（礼儀ただしく丁寧）なれば、予の苦しむ所無し。斧斤《ふきん》（おの）の声（音）、船室に錚々《そうそう》たり（かんかんと聞こえる）。夜に入れば、篝火《かがりび》を焚《た》きて工作（作業）せり。初め、船長、尚お修理畢《おわ》れば駛《し》行《こう》（ただちに出航）せんと擬《ぎ》す。塢に入るに迨《およ》びて、損処小さからざるを知る。事務長（西京丸のパーサー）来たりて（予等に）告げて曰く、「当《まさ》に舟を易《か》えて海を渡るべし。已《すで》に神戸に電（打電）し、船を召して来たらしめんとせり。惟《た》だ日晡（日没）に後《おく》るるを須《ま》ちて、召す所の船、方《はじめて》来る耳」と。予等、船に在りて守候する（待ち受ける）に計を決す。蓋し予及び外子の外に他の客無き矣。

上海の李蘭舟《りらんしゅう》君（本名は李家鏊《りかごう》、蘭舟は字）[15]、本《もと》より外子昔年の森堡（ペテルブルク）（時代）の旧友なり。今、海参崴（ウラジオストク）の商務委員（貿易事務官）[16]に任ず[17]。時まさに假（休暇）をとりて（上海に）帰らんと道を長崎に出《すす》む。外子が舟の損するを以て暫し（ここに）留まるを聞き、人を遣わし来りて迎えんとせり。外子、遂に往きて談じ、岸上に留まり宿す。

## 二月二十六日（陽三月二十四日）

外子、李君と偕《とも》に舟に来て共に談ず。外子、又た李君と偕《とも》に登岸せり。予、独《ひと》り餐室に坐し、時に甲板に登る。舟の岸上に住《とどま》る、別に一種の景象（風情）有り。東京の諸女友に書（書簡）を作《な》し、以て別れし後の事を告ぐ。舟損《そこ》なうと雖も、人恙《つつが》無し。又た（大阪の）実甫夫人（孫実甫夫人）の慰問（見舞いの電報）に電復（返電）せり。

**二月二十七日（陽三月二十五日）**

外子と偕《とも》に港を渡り、長崎の街市（市街）を歩く。謂う所の「中国街」（中華街）なる者を見るも、雑乱にして観《み》るに足らず。蓋し局面を有する（店構えのしっかりした）華商、均しく此の街に在らざる耳。福島館に於いて飯（食事）し、下月（来月）長崎に重臨（再来）するに彼《こ》の館に遇するの約（約束）を訂す。

午後、船に回《かえ》る。船長、美国（アメリカ）人にして六十余の老翁、日本語を能《よ》くす。来たりて談ずるに、再四「歉仄《けんそく》（恐縮）する」と道《い》（言）い、自ら「船長に任じて三十年、過失無きに、今此の変を出し、愧恨《きこんたと》喩うる無し（慚愧《ざんき》の至り）」と言う。其の敦実、敬す可し。六時、神戸より召し来る船、崎（長崎）に到る。明晨（翌朝）、換乗（乗り換え）して駛行《しこう》せんとす。

**二月二十八日（陽三月二十六日）**

午前十時、薩摩丸に換乗す。（西京丸の）船長、送りて塢外の渡舟に至り、慇懃に別れを言うに忍びざる者の若《ごと》し。何と情誼の深きなる耶。船上の執事、事務長以下、男女の僕（給仕）に至る、皆換乗せり。午後五時行く。此、丁酉《ていゆう》（正しくは一八九八年一月）に小叔（夫の従弟）幼楞《ようろう》（幼楞は字、本名は銭滮《せんひゅう》(18)）の東渡の船（日本への留学時に用いた船）なり。今六年（経過する）矣。

幼楞の東渡、乃ち外子、彼の陸軍少将神尾光臣《かみおみつおみ》(19)に依託して行う（時に神尾、大佐に任ず）。蓋し日本に留学するの挙、外子の創議（提議）する所たり。而して幼楞を以て先導と為す。外子、毎《つね》に自負して謂う、「日本文明、世界文明の中国に輸入するを得て三四十年前の曾文正国《そうぶんせいこく》藩《はん》（文正は号）の遊美学生（アメリカ留学生の派遣）を創議する(20)と、沈文粛葆楨《しんぶんしゅくほてい》（文粛は号）の遊英法学生（イギリス・フランス留学生の派遣）を創議する(21)とを突き過ごさせ、中国二千年の未だ開かざる風気を開きて四万万（四億）の（中国）社会に功有りと為すは、誠に虚語に非ず。彼《か》の欧美（欧米）に遊《ゆ》く学生、豈《あに》必ず材に乏しからんや。（されど）、（欧米と中国）、徒《いたずら》に（文明の）程度の相い去ること太《あまりに》遠ければ、欧美文明を我国に逕輸《けいゆ》（直輸入）する由莫《よしな》く、必ず道を日本に借るにいたる。此、階級（文明の段階）の同じならざるによるなり」と。予、謂う「幼楞、病みて未だ業を卒《お》えざると雖も、文明を輸入するの功を論ずれば、其の嚆矢《こうし》（最初の者）、外子に在らずして幼楞に在り」と。外子、亦た髯《ひげ》を掀《ひ》きて「然り」と謂う。

**二月二十九日（陽三月二十七日）**

舟小さく、頗る側に倚《よ》りて適さざれば、予、堅く室中に臥《ふ》す。外子、本（本来）、「西京丸、廿七日に上海に到れば、二日留まり、三十日に仍《な》お西京丸に乗りて長崎に返り、以て小倉丸と相い銜接《かんせつ》（接続）して海参崴（ウラジオストク）に向かう」と定めり。今既に（船の事故により）延誤（遅延）すれば、行期（旅行日程）を改易（変更）するを須《ま》つ。長崎と海参崴間、日本郵船（の定期便）、二週毎に一回と云う。

**二月三十日（陽三月二十八日）**

大雨にて溟濛《めいぼう》（ぼーっとかすむ）せり。此の船の船長、初めて中国に航すれば、未だ呉淞《ごしょう》（ウーソン）口外の水線（航路）を諳《そらん》（精通）ぜず、又た雨濛《うぼう》にて前途を辨《わか》たず。故に頻々として輪（汽船薩摩丸）を停む。午後三時、始めて岸に抵（至）る。幼楞、桟橋に候《ま》ち、望み見て喜ぶこと甚だし。並びに予の弟（従弟）伯寛（単不庵《たんふあん》。伯寛は字）、表弟（母方の従弟）許可庄《きょかそう》、亦た予を上海に候《ま》つ。雨を冒《おか》して登岸し、頗る困難を感ず。晋昇桟《しんしょうさん》（桟は旅館の意）に遇す。此次（今回）、本《もと》より長行の計（長期旅行の計画）を為す。故に衾褥《きんじょく》（ふすまとしとね）、洗面具等、均しく已《すで》に自備（持参）を須《ま》つ無し。今、船期、既に誤《おく》れば、上海に数日留まらざるを得ず。而して中国の桟中（旅館）、此等の客に供する具を備えず。乃ち同郷の胡仲巽《こちゅうそん》の家より数品を借用、又た自ら数品を購《か》えり。一《わずかに》本国（自国）（の地）を履《ふ》むに、反りて不便多く、人をして失笑せしめたり。

**三月一日（陽三月二十九日）**

雨、沉々として止まず。此の雨、已《すで》に四旬（四十日）になるも晴れざるを聞く。轎《かご》に命じて親友（親戚と友人）数家を訪ずる。予、轎に乗るを好むに非ざる也。奈《いかんせん》街衢《がいく》（街路）に馬車、人力車を通さざる者有り、又た行人（通行人）に公徳心無く、以て歩行す可からざれば、安《いずくん》ぞ轎に乗らざるを得ん。去年（一九〇二年）、租界に旅居し、曾て城内の務本女学堂《むほんじょがくどう》[22]主人呉懐疚《ごかいきゅう》（上海の篤志家。本名は呉馨《ごけい》、懐疚は字）の夫人及び日本（日本人）女教師河原操子《かわはらみさこ》[23]氏を訪れり。馬車を城外に駐し、（城内を）歩くこと半里にして学堂に至るも、道の穢《よご》れ、人の雑（入り乱れる）、幾《ほとん》ど耐ゆる可からず[24]。夫れ上海城（上海県城）、（上海の）租界に逼近《ふっきん》せり。且つ又た五十年の久しきを歴するも、竟《つい》に一毫の改新の意無きは、殊《こと》に不可解なり。

**三月二日（陽三月三十日）**

福興桟《ふっこうさん》に遷《うつ》る。晋昇より略《やや》潔と雖も、然れども煩雑、仍《な》お異なる無し。本国（中国）の旅館、殆ど一として居る可き者無し。弟輩の聚《あつま》り談ずる、亦た殊《こと》に歓ばしく楽し。

**三月三日（陽三月三十一日）**

旅の客として初めて帰れば、俗事、紛集す。外子、久しく俗事を厭《いと》う。而《しか》れども船期（船の出航日）未だ届《いた》らざれば、余と偕《とも》に諸弟を率《ひき》いて舟に駕《の》り僻郷を漂《ただよ》い、清閑（心静かに）数日の談を作《な》し、以て滬瀆《ことく》（上海）の囂《きょう》（騒がしさとわずらわしさ）を避くるを議決す。予及び諸弟、均しく欣然たり（喜ぶ）。

# 四　上海より浙江省の硤石鎮へ

**三月四日（陽四月一日）**

晨（朝）起きると、同桟に湖北の四学生有り(25)、外子に謁《まみ》ゆる。乃ち自強学堂（湖広総督張之《ちょうし》洞《どう》が一八九三年に湖北省城武昌に設立した外国語学校）の俄文生（ロシア語科の学生）にして新たに官派（湖北省当局による命令）を奉じ俄（ロシア）に赴き留学する者也。此の学堂の俄文科、本《もと》外子の創議（提議）する所にして、四生も又た外子の学堂に在りし時に来たりて入学すれば、旧誼有り。（されば）外子に随同して（とも）に俄行（ロシアへの旅）を作《な》すを極めてつよく願えり。外子、雅（決して）再び（二度と）鄂事《がくじ》（湖北省の政治や軍事）を聞く（関与する）を欲さず、去歳（一九〇二年）、（湖北省当局と）已《すで》に堅々（堅く）辞絶（絶縁）せり(26)。然れども、四生は初めて郷井（郷里）を離る。即ち滬上（上海）にても、已《すで》に生疎（不案内、不適応）を免れず、何ぞ況や異国においてをや。其の情、懇切なれば、（外子）、已《や》むを得ず、姑《しばし》四生をして自ら湖北

（湖北省当局）に電詢《でんじゅん》（電報による照会を）して進止（指示）を請わしめ、告げていう「月の廿二日、方《ようやく》伊勢丸有り、長崎より海参崴（ウラジオストク）に向かう。必ず月の十四日に上海より行けば、乃ち宜《よろしき》に合う」と。諸生、諾（受諾）を願う。予、此を聞き、湖北当局、必ず此を以て外子に諄《ねんごろ》に託せば、昨日に議する所の嚮《きょう》を避くるの挙、必ず成らざるを知る。外子、既に上海に在りて諸生のために代りて労せざる能《あた》わざれば、予、此の二三日の閑暇に乗じて硤《きょう》石鎮《せきちん》（浙江省海寧県の有力な市鎮、当時は浙江省の養蚕農家による在来糸の集散地の一つとして著名であった）に往き母堂（継母費氏）を省《おとず》るる計を決せり。午後三時、伯寛等と偕《とも》に小汽船に附して行く。

**三月五日（陽四月二日）**

午後二時、硤石に抵（至）る。家庭での縟談《じょだん》（尽きぬ話）、夜分に至る。

**三月六日（陽四月三日）**

竟日《きょう》（終日）談ず。晩、月に乗じ朝日婢（銭恂の日本籍の側室。銭恂夫妻のロシアへの旅のはじめから帰国まで同行する）を率《ひき》いて歩行、東南湖の母舅（継母の兄又は弟）の家に至る。予の家と距つる、三里に足らず。中国の婦女、向《さき》に歩行を以て艱（艱難）と為す。予、幸いに此を病まず。東京に在るに当たりては、歩行は是れ常の事なり。辛丑《しんちゅう》（一九〇一年）、鎌倉に寓居し、建長寺に遊べば、則ち樹に攀《よじのぼ》り巓（山の峰）に陟《のぼ》る。（相模）金沢の牡丹を賞《め》づれば、則ち湖《こ》壖《ぜん》（湖畔の畦道）を繞行《じょうこう》（めぐりいく）すること、恒に二三十里なり。然れども中国に在れば、則ち勢い能《よ》くせざる所有り。此の硤石、幼年の生長地たり。（予）、今已《すで》に老ゆれば、郷党の間、尚お予を以て非と為さず。故に特に歩行を以て同里の婦女を諷（風刺）せんとせり。

**三月七日（陽四月四日）**

家庭において閑談す。継慈（継母）、叔母、弟妹等、均しく士釐、明日滬《こ》（上海）に返り、将《まさ》に二万里の遠遊（ロシアへの大旅行）を為さんとするを以て、離別の感に勝《た》えず。

**三月八日（陽四月五日）**

伯寛の友顧、金の二君、予が日本の女学（女子教育）の事を談ずるを見んと欲す。郷曲（片田舎）の旧見を論ずれば、婦女、至戚（至親、最も近い親戚）に非ざれば、相い見《まみ》えず。予、固《もとよ》り老（老人）矣。且つ恒に外国の客と相い見《あ》う。今、本国の青年、予の略《やや》知る所有るを以て、女学を就談するを欲すれば、豈《あに》誠を竭《つ》くして相い告げざる可けんや。乃ち伯寛と偕《とも》に接見し、女学の宜《よろ》しく女徳より始むるべきを談ぜり。而して女徳云々なる者、初めにして一物を見ず、一事をも知らざるの謂に非らざれば、略《あらまし》日本の女学校の教法（教育法）を挙げて之に告ぐ。中国の女学、已《すで》に滅絶すると雖も、而も女徳、尚お人々の性質中に流伝せり。（中国）、苟《いやしく》も教育に善にして其の智を開誘、以て其の徳を完全にすれば、当《まさ》に地球無二の女教国（女子教育の行き届いた国）と為らん。女教より以て子孫に衍及《えんきゅう》（推し広める）すれば、即ち、（中国）、地球無二の強国と為るは可（可能）也。

外子、毎《つね》に謂う、「中国の人類の尚お遽《にわか》に絶ゆるに至らざる者、徒《ただ》人々、母の教えを得るの故を以てす。世禄（代々有禄）の家、克《よ》く礼に由《よ》る鮮《すくな》し。然れども五六歳の時、必ず尚お天良（生まれつき持っている良心）未だ泯《ほろ》びざるは何の故なるや。母の教えの故なる也。出でて外傅《がいふ》（一族外の師）に就《つ》くに迨《およ》び、漸く澆漓《ぎょうり》（軽薄）となり、考試（科挙）に応じ、科第（合格者名簿）を得、仕版（官員名簿）に登るに至り、日に問う可からざるに就《つ》く、（これ）、何の（故）なるや。母を離るるの遠きの（故）也」と。細想する（仔細に考える）に、誠に然るなり。

午後一時、汽船に附して上海に向かう。可庄、予を送りて（上海に）行く。

**三月九日（陽四月六日）**

午前四時、上海に抵（至）る。外子、已《すで》に鄂生（湖北のロシア留学生）四人を携えて同行するを允《ゆる》すを知る。各処に信件（書信）を発出せり。行（旅行）して将《まさ》に遠別せんとすれば、事を言い、情を言う、均しく少なきこと能《あた》わざればなり。

**三月十日（陽四月七日）**

本国女友（女性の友人）及び東国（日本）女友数人を訪れる。

**三月十一日（陽四月八日）**

外子、湖北四生の為に匯款《かいかん》（貨幣の兌換）をなす。公私（公金か私金か）を分析し（細かく区分し）数目（金額）を劃算（計算）する、事、極めて瑣砕《ささい》（こまごまして煩わしい）なり。中国、銭幣の政（貨幣政策）無し。用ゆる所、或いは一ならざるの生の銀塊、或いは一ならざる外国銀貨、或いは一ならざる本国銀元なり。此次（今回）湖北交到の（湖北省当局より交付されて持参した）款、塩庫平銀を為す。塩庫平なる者、湖北塩道衙門用ゆる所の銀塊の軽重の名也。全国謂う所の平なる者、百を以て数える。而して庫平を以て最重と為す。庫平と曰うは、其れが他の平より重きを表わす。塩庫平と曰うは、又た其れが庫より軽きを表わす。究《つまるところ》（一塩庫平）、幾何《いくばく》に値するやは、市儈《しかい》（仲買人）の判断に任すのみ。各生《かくせい》（各学生）携うる所の零砕《れいさい》の私款、半ばは湖北自造の銀元なり。（されど）、此の銀元、又た上海に通用する所に非ず。種々の岐異

（違い）により、一たび換算を経れば、層々（幾度と無く）折蝕（欠損）せり。更に日本幣、俄幣の両種を備えて旅用と為すを欲すれば、宜《うべ》（本当に）、其れ、煩なるか矣。幸い四人、均しく情誼《よしみ》相い関わり、前（以前に）数次（数回）、学生二三十人を帯して行き、外子一人、其の労に独任するを視れば、其の難易、迥《はるか》に殊（異）なれり。

**三月十二日（陽四月九日）**

外子、十分時（一〇分）の暇《いとま》も無し。深く以て苦と為す。

**三月十三日（陽四月十日）**

李君蘭舟の家、（予等を）飲に招く（宴を設けて招待する）。其の太夫人（李蘭舟の母）、両女（二人の娘）と一外孫女を率《ひき》いて接待せり。席間、衛生の事を談ず。因《よ》りて諄《ねんごろ》に纏足《てんそく》を戒むれば、群《みな》以て然りと為す。蘭舟、又た中国の女教（女子教育）と女容（女性の容貌・姿・形）、必ず宜《よろ》しく改良すべしと極言せり。蓋し予の稍《やや》女学（女子の学問）を知るに借り、以てその姉妹に勧励せんと欲する也。

十年前、歳、癸巳《きし》（一八九三年）に在りて、外子、俄（ロシア）より帰る。篋中に（ロシア全土の鉄道の）『路線図表』有り、蘭舟の撰する所たるを知る。又た、「其の西伯利（シベリア）の陸路に由《よ》り帰国せし時、未だ鉄路有らず、万里の長途、三馬《さんば》の蔽車《へいしゃ》（三頭立てのボロ馬車）に乗り、氷雪（のなかを）奔馳《ほんち》（いそぎ走る）する、繆《びょう》君祐孫《ゆうそん》[27]の僅かに伊爾庫次克（イルクーツク）に至る者に較べて之に過ぐるは、蓋し中国に（蘭舟）一人有るのみ、当時、外子、海程（海路）に由《よ》り帰る、蘭舟に先んずる、半年なり、合肥李相（李鴻章《りこうしょう》）、俄才（ロシア情勢に通じた人材）を外子に訪《たず》ね、外子、蘭舟を以て対する（応える）、時に蘭舟、尚お（帰国の）途中に在る也、李相（李鴻章）、外子に函電（書信と電報）を属して蘭舟を探さしめ、速やかに令して天津に赴かせり、是《ここ》に於いて蘭舟の名、遂に朝（朝廷）に登れり云」を聞く。

蘭舟、乙未《いつび》（一八九五年）の歳、又た総署（総理衙門）に條陳（個条書きの陳述書）[28]を（提出）して言う、「俄人の志、路（鉄道）を中国の地上に接（接続）するに在り。（それらの鉄道）、凡そ六道なり。西の三道、利多く、害少なきも、東の三道、利少なく、害多し。その東の三道、一は斯特列田斯克（ストレーテンスク、スレテンスク、スレチェンスクともいう）より斉斉哈爾（チチハル）を経て営口に至るもの、一は、赤搭（チタ）より斉斉哈爾（チチハル）を経て旅順に至るもの、一は、恰克図（キャフタ）より張家口《ちょうかこう》を経て天津に至るものなり。（これ）、皆、俄人の撰する所の書に拠る」と。時に南皮張公（湖広総督張之洞）、権（仮り）に両江に当たる（署理両江総督となる)[29]。亦た電奏して言う「俄、将《まさ》に中国鉄路を造り、鴨緑江口《おうりょくこう》に達せんとするを聞く。請う、中国、予め抵制（対抗策）を謀《はか》らんことを[30]」と。総署（総理衙門）、未だ嘗て採《と》らざるとせざれば、詳（詳細な情報）を海外に詢《はか》れり。奈《いかんせん》答うる者曰く「李（李家鏊）、張（張之洞）、均しく誤りて以《おもえらく》、〃俄路（ロシアの鉄道）の帰宿《きしゅく》（帰結）、中国の海口に在り〃と。情形隔《じょうけいかく》膜《ばく》（遠方のこと故に実情がわからない）なれば、以て置論を庸《もちい》る無かる可し（詮議する必要はなし）[31]」と。（李家鏊らの先の提議）、（この）一語にて掃空（一掃）さる。噫《ああ》。（この時）答えし者、丙（丙申《へいしん》　一八九六年）、丁（丁酉《ていゆう》　一八九七年）、戊（戊戌《ぼじゅつ》　一八九八年）の間[32]に、亦た曾て（この）前言を追悔（後悔）せしや否やを知らず。外子、時に金陵《きんりょう》（南京）に在り。故に（之を）知り（予に）見《まみえ》て告ぐるは、此の如し。

明日午前、将《まさ》に舟に登《の》りて東渡せんとすれば、竟夕（終夜）、碌碌《ろくろく》（多忙）なり。

## 五　上海より長崎、釜山、元山、城津経由でウラジオストクへ

**三月十四日（陽四月十一日）**

午前七時、漸次招き同行者を相い継ぎて舟に登らす。外子、再往復（二往復）して始めて畢《おわ》る。（その時）、已《すで》に九時矣。船名、弘済丸にして、昔年乗る所の博愛丸と、式、稍《いささか》も異なる無し。蓋し本《もと》より赤十字会（赤十字社）の「姉妹船」なり〔日本、同式の軍艦と同式の商船（商船）を均しく「姉妹」と呼ぶ、蓋し（これ）、西称を本《もと》となせり〕、戦時、則ち会中（赤十字社）自ら用い、平時、則ち会社に賃与する也。十時、船行く。送る者数十人、鄭重にして別れる。

**三月十五日（陽四月十二日）**

舟、大海を行く。（予）、鎮日（終日）臥《ふ》して息《やす》む。（これ）、半ば船酔いに因《よ》り、半ば滬《こ》（上海）に在りての冗倦《じょうけん》（わずらわしいことによる疲労）に因《よ》る。

## 三月十六日（陽四月十三日）

午前四時、長崎に抵（至）る。予、屡々《るる》（しばしば）此《ここ》を経る。起きて山翠空濛《さんすいくうぼう》（山青く空暗く）、残月在水（残月、水に在る）を見、心境曠然《しんきょうこうぜん》（心がゆったりし）、故人（よく知っている人）に遭《あ》うが如し。上月（先月）訂（宿泊を予約）せし所の福島館の人、已《すで》に舟に来たりて相い迎うる矣。前に屡《しばしば》外子と偕《とも》に若干人を帯して日本に来るも、皆神戸或いは横浜に登陸（上陸）せり。行嚢《こうのう》（旅行用トランク）の税関を過ぐる、予、未だ親しく見ざるなり。且つ毎《つね》に外務省の知照（照会）を得る。故に事々に（通関の手続き）簡易なり。此次（今回）、十人登陸するも、只《た》だ予一人のみ語言（言葉、ここでは日本語の意）に通じ、又た未だ先に外務省に告げざれば、親しく税関に入らざるを得ず。行嚢四十余、一一（一つ、一つ）験場（検査場）に運入、検視（検査）を待ち、「入許」の二字を標（標示）せらるれば、乃ち携えて場（験場）を出るを得る。旅客数十、物件数百と雖も、亦た混雑の状を呈するを免れず。然れども、敢《あ》えて攙越《さんえつ》（まざる）する無く、敢えて喧嚷《けんじょう》（さわぎどなる）する無きは、固《もとよ》り（日本の）関役（税関職員）の馴和《じゅんわ》（ならしやわらぐ）に由《よ》り、亦た旅客の自重するに由《よ》る。（予）、曽て上海の謂う所の「洋関」（海関）なる者を見る矣。初めに験場（検査場）無く、関役、桟橋上に在り、人を扠び攬阻《らんそ》（とらえさえぎる）して之を験《しらぶ》る。雨雪なるも、亦た然り。又た尽《ことごと》くは阻まず、亦た尽くは験《しら》べず、人をして従う所を知らしめず。関役、又た尽く西人にして、語言通じず、且つ或いは中国の習気

（悪習）に染まれば、旅客の困苦、想いて知る可し。外国（日本）、幸いに此を慮《おもんぱか》る無し。

福島館、一一位置畢《おわ》れば、（予）、飯後（食後）、諸人を率《ひき》いて勧工場《かんこうば》[33]に往き、各々に用物（日用品）を購《か》わしむ。凡そ勧工場の陳列する所、民間の用い需する品物を除くの外、大率《おおむね》当地の産出品及び当地の最銷售品（最も売れ行きのよい品）を以て多と為す。産出品なる者、西京の如きは、則ち織物多く、岐阜に在りては、則ち紙物多き也。銷售品、非通商地に在りては、則ち内国用の者多く、通商地に在りては、則ち外国用の者多き也。横浜、通商地なれば、乃ち英美船（イギリス船とアメリカ船）の常に過（至）る処なり。故に勧工場の物、多く英美人（英米人）の嗜好に投ず。長崎、亦た通商地にして俄国兵と（俄国）商船の常に集まる処なり[34]。故に勧工場の物、多く俄人の嗜好に投ぜり。此、勧工と謂うも、その意、通商を謂うなり。

**三月十七日（陽四月十四日）**

風雨竟日（終日）なり。

**三月十八、十九日（陽四月十五、十六日）**

## 三月二十日（陽四月十七日）

予の家の留東（日本留学）男女学生四人（銭稲孫、銭穟孫、長子の妻包豊保、次女の夫董鴻禕）、皆独立完全の自費生なれば、学校を選び、学費を籌（調達）するの一切、悉々《しつしつ》（悉く）外子一人の脳中を往来す。女学生（女子留学生）の吾家を以て第一人（最初の人）と為すは固《もとよ》り論ずる無き矣。両子（二人の男の子）、均しく已《すで》に小学校（慶應義塾普通部）六年級（第六学年）の業（学業）を畢《お》えて中学校（東京高等師範学校附属中学）の第一年（第一学年）、第二年級（第二学年）に躋入《せいにゅう》（進級）、中国人の循序（順序）に在りて修学すれば、亦た第三人の想いを作《な》さず。外子、毎《つね》に此を以て自ら老境を慰む。然れども、籌画の談、何ぞ容易ならんや。此（長崎）に留まるより三日、外子の終日忙々なるを見るに、学事、費事、及び家事の為に東京と函電（書簡と電報）を交馳《こうち》（やりとり）するに非ざる無し。予、本国に一処として以て就学す可き（学校）無きに因《よ》り、子女輩をして他邦に寄《おく》りて学ばしめざるを得ざるは、慨嘆に勝《た》えず。初め以為《おもえ》らく、（長崎にて）船（神戸より来るウラジオストク行きの船）を候《ま》ちて事無ければ、将《まさ》に此の間（この地）附近の熊本地方に往き、女友柳原氏（名前は不明、訳者は柳原燁子《やなぎはらあきこ》であろうと推定する）を訪ね、彼の地の名勝と所謂沙中温泉（砂蒸し風呂）なる者を一覧せん、と。豈《あに》此の如く暇鮮《いとますくな》く、願うが如くなす能《あた》わざるを知らんや。「遊福」（旅を楽しむ幸せ）の軽得する可からざるを知る也。

**三月二十一日（陽四月十八日）**

徐君顕民、上海に在りて、其の猶子《ゆうし》（甥）を携えて日本に至り留学させんことを、外子に委託せり。伊（彼）初めて国門を出れば、諸《もろもろ》、困難を感ず。是の日、（外子）、為に従者を覓《もと》めて（徐君の甥を）送りて大阪（の孫実甫の家）に至らせ、再び（更にそこより）孫実甫をして東京に送往せしむるも、一切、寧波人張君済慶に、代労せしむ。張君、郵船会社中（日本郵船）の人にして中国の官気（官僚の悪習）無し。故に、事に任ずる、真懇《しんこん》（誠実）なり。

海参崴（ウラジオストク）に向かい行く伊勢丸、昨日、神戸を発ち、明日、長崎に抵（至）る可し。午後、即ち（ただちに）（海参崴に向けて）行く（発つ）。今日、予《あらかじ》め登舟（乗船）に備えて先に会社より神戸に電（電信）を発し、船室を定む。此の船の積石数（積載量）、僅かに千二百五十噸（トン）、汽機圧（ボイラーの圧力）の制限、僅かに八十磅（ポンド）なり、故に一等、只《た》だ十四位（十四席）、二等、只《た》だ八位（八席）のみ。往返（往復）の電商（電信による交渉）により、始めて一等四位（四席。銭恂夫妻、銭恂の次女、銭稲孫の妻の座席）、二等（五席。銭恂の側室朝日と湖北四学生の座席）を定む（予約せり）。一等の賃（料金）、四十円、二等、二十五円也。通例、外交官に於いては、船賃、十分の一五を割（割り引く）く可し。外交官の妻、亦た然り。（上海の日本郵船会社、竟《つい》に二次（二度）予の割（割引）を允《ゆる》さざること有り。領事署（日本の上海総領事館）の深澤君を引（招）きて再四与商（交渉に参与）せしむるも、竟《つい》に允《ゆる》さず(35)。此、会社中、最も理（道理）無き事なり〕。日本、（中国の）学生の上海より東渡するに於いても、亦た割（割引）を得さす〔（ただし）三等、割（割引）を得ず〕。此次（今回）、上海の（日本）郵船会社、諸生の俄（ロシア）に赴くを知れば、（湖北の四学生には）割を允《ゆる》さず。長崎の（日本）郵船会社、更に論ずる無き矣。

連日、予、小病《やや》む。又た事煩なれば、胸襟《きょうきん》（気分）舒《すぐれ》ず。午後、外子と偕《とも》に門を出て散歩し、諏訪山に登らんと意欲す。未（の刻）に至り、層坡（山々）の高く聳えるを見る。詢《と》うて（山）上に天満寺有るを知り、登る焉。残櫻、枝に在り、芳藤（香ばしい藤の花）、倒垂す（逆さに垂れる）。茶寮（茶屋）に憩う。長崎名物に謂う所の鶏鍋《とりなべ》なる者有り。穴案《けつあん》（穴のある長方形の卓）の正中（中央）、円孔を為す。孔懸器（コンロ）に熾炭《したん》（赤く燃えた炭）を置き、上に一鍋を承《お》く。鶏肉を炙《あぶ》り、客自ら調味して食に就《つ》く。（中国浙江省仙居県の）括蒼、冬令（冬季）に此の食法有るを憶《おも》い、姑《しばし》之を試（試食）す。藤の花の下に就き坐して鶏を飲啖《いんたん》（飲食）し、仍《な》お歩きて帰る。汗出でて、頓《にわか》に健爽《けんそう》（健やかにして気分もさわやか）を覚ゆる。

三月二十二日（陽四月十九日）

各種の旅用の料（料金）を付出し（支払い）、各人の為に行嚢《こうのう》（旅行用トランク）を簡（選）ぶ。飯後、会社、小汽艇を以て渡しに迎え伊勢丸に登らす。日本郵船の海参崴（ウラジオストク）に向かう者、其の航期、毎二週一回なり。小倉丸、「命令航」（命令航海）を為す。蓋し政府の命令を奉じて航期を定むる者也。伊勢丸、「自由航」（自営航海）を為す。蓋し会社、己《おのれ》の意を以て航期を定むる者也。船長肥後慶次郎、頗る慇懃（親切）、今日、一等船室、尚お予等四人の居る所に不敷（不足）なるに因《よ》り、特に己の室（船長室）を譲り、以て予等を栖《す》ませ、明日再び移るを約さしむ。午後五時、（船）（海参崴に向けて）行く（長崎を発つ）。

三月二十三日（陽四月二十日）

午前八時、朝鮮の釜山港《ふざんこう》に抵（至）る。雨止むも風つよければ、遂に登岸（上陸）せず。此の地、華商百余有り。皆山東人にして零星の小販のみ。中国、一領事館を設くる。而して日本の箱館（函館）地方、華商の極大なる海産業（海産物業）を営むものあり。乃ち既に領事を設くるも、又復《また》裁去（撤退・閉鎖）せり。其の理（理由）、研究す可きに非ざらんか。釜山海関の（関）役（税関職員）の服装、中国の者と同じ。外子云う、「蓋し昔年、赫徳（中国海関総税務司ハート）の定むる所に本《もと》づく。今、（朝鮮の税関の支配権）日本人の手に入ると雖も、猶お旧制に沿う耳」と。

此の船の三等位（三等船室の座席）、百数十、（その乗客）、中国人と朝鮮人、少なからず。浙江（浙江人）四人、山東（山東人）三人有り、語言、通ぜず、均しく海参崴（ウラジオストク）に往かんと欲するも、未だ切符を購《か》わず。山東の三人、金の指環（指輪）二、銀時計一を出し、外子に浼《ねがい》て船上の事務長に保質（保証）せしめ、勉《つと》めて（無理に頼みて）後に（乗船を）可とさる。而して浙江の四人、竟《つい》に只《た》だ半賃を収むるのみ。船例（船の規則）、次の埠に於いて切符無き者を登岸せしめて復た載《の》るを允《ゆる》さざらしむ。事務長鶴田氏、姑《しばし》此の四人を率《ひき》い往きて中国領事官（領事は徐学伊）に詢《はか》る。領事、拒みて見《あ》わず。而して此の四人の者、又た在港の百余華商と相い識《し》る者無し。船上既に乗載を允《ゆる》さず、岸上又た財を通ずる可き無ければ、幾《ほとん》ど釜山の海浜に餓死するの慮《おそれ》有らざらんか。群（大勢の人）、外子に（善処を）求む。外子、乃ち四人の半賃〔三等位毎人十円〕を補い、其の「何を以て船資を備えず遽爾《きょじ》（あわただしく）出国せしか」と四人に詰（詰問）す。山東人の張姓なる者の云うに拠《よ》るに「本《もともと》海参崴に在りて薬肆《やくし》（薬店）を設けおれば、往来する、屡《しばしば》矣。四浙江人、均しく成衣（仕立屋）を業とすれば、亦た屡《る》々《る》（しばしば）往来す。俄国鉄道公司（ロシア東清鉄道会社のウラジオストク―上海間定期航路）の船[36]、此の海を航行する有るより、凡そ華人の（海参崴に）渡航する者、往々必ずしも先に船賃を納めず。船既に到れば、已《すで》に賃を納めし者一人をして先に登陸（上陸）せしめ、相い識る肆中《し》に向かい資を取りて補納せしむれば、便《ただちに》登陸す可し。初めより日船（日本船）の俄船の比に非ざるを知らざる也、云々」と。正理を論ずれば、自ずから日本の船例を以て是《ぜ》（正しい）と為す。然れども小利（を以て）人を誘うは、之を中国に施すに最も宜《よろ》し。日俄（日露）両国の国際上に於ける手腕敏鈍の同じならざること、即ち此より見る可し。此の舟、本《もと》より応《まさ》に今日の晩に行くべきも、風に因《よ》り釜山港に留泊せり、と。

**三月二十四日（陽四月二十一日）**

風強し。午前八時半、船、勉《つと》めて（無理に）出口するも、進む能《あた》わず。十一時に折り回《か》えす。午後二時、仍《な》おも釜山口に入りて泊す。

**三月二十五日（陽四月二十二日）**

風仍《な》お強し。午前六時、又た勉《つと》めて（無理に）出口するも、進む能《あた》わず、九時、折り回《か》えす。十二時、仍《な》おも釜山口に入りて泊す。

**三月二十六日（陽四月二十三日）**

竟日（終日）風強ければ、行く能《あた》わず。

**三月二十七日（陽四月二十四日）**

竟日、風強く雨も兼《くわわ》れば、（船）、行く能《あた》わず。今日、伊勢丸、応《まさ》に海参崴（ウラジオストク）に抵（至）るべきの期なり、豈竟《あについ》に尚お釜山に滞する乎。

**三月二十八日（陽四月二十五日）**

風平らかとなる。午前八時、出口。満明日（明日中に）、元山に抵（至）る可きを擬《ぎ》するも、乃ち午後二時、雨驟《にわか》に降り、風驟《にわか》に勁《つよ》くなる。船小さければ、推進器（プロペラ）の力弱く、進む能《あた》わず。通常、毎時行くは十邁《マイル》、今日僅かに二邁《マイル》行く能《あた》うのみ。船に電灯無し。夜行けば、水天（海空）ともに墨の如し。浪の船舷を打つ（音）を聴くに、危（を感ずること）甚だし。

**三月二十九日（陽四月二十六日）**

風力未だ減らず。船長、復た進む可からずと自ら度《はか》り、又た釜山に向かいて折り回《か》えさす。是《これ》、第三次（三回目）矣。夜十一時、仍《な》お釜山港に入りて泊す。此次の行程、一たび、西京丸の触岩（座礁）に阻まれ、再び（更に）、伊勢丸の遇風に阻まる。正に何日（いずれの日）に森堡（ペテルブルク）に達す可きやを知らず。

**四月一日（陽四月二十七日）**

船長、「此次（今回）、応《まさ》に天気確定するを俟《ま》ちて乃ち行くべし、今日は必ず出口せず」と言う。（予、之を聞き）、乃ち外子と偕《とも》に釜山の岸に登る。密樹（無数の樹木の茂る）の一山、日民（日本人）万余群居の地なり。駐兵約一大隊有り、臨時の憲兵隊有り、領事有り、警察有り、学校有り、幼稚園有り、病院有り、郵電局有り。〔朝鮮自ら郵逓司、電報司を有す〕。一望して（其れが）日本の殖（植）民地と為ると、且つ已《すで》に其の殖民地の政を実行するとを知る矣。一切の貿易と工作、皆日本人（之を為す）。即ち渡船の篙工《こうこう》（船頭）、亦た日本人なり。彼の朝鮮の土人（現地人）、木石の重き物を運ぶと、労を極め拙を極むる事とを除くの外に、他業無し。土人の木を運ぶ者を見るに、長さ五六尺の大木を背に負い、喘《あえ》ぎつつ市街を歩き、幾《ほと》ど市街に尚お他人と他物の有るを知らず。孩童《がいどう》（児童）、草芥《そうかい》（草とゴミやチリ）と棄物を拾うを除くの外、他事無し。土風（現地人の風俗と暮らしぶり）を一堵《いっと》（一見）せんと思い欲し、乃ち人を覓《もと》め導かしめて土村（現地人の村）に至れば、尽《ことごと》く寛博《かんはく》（ひろくゆったりした）の白衣、汚れて灰色と成り、坐立頗る倚（不安）にして口に煙管《キセル》を銜《くわう》る（人）、土舎板屋《どしゃはんおく》（土壁で板葺き屋根の家屋）にあり、售する所（の物）、煙草《タバコ》と草履《ぞうり》のみなるを望めり。食を進むるに匙《さじ》を以てし、（飯）、銅器に盛る。食畢《おわ》れば、即ち此の器を以て面（顔）を盥《あら》い、甚だしきは或いは他用せり。同行する者、「奉天（奉天省）の郷境（田舎の村落）を彷彿《ほうふつ》する云」と謂う。船上、彼の苦《クー》力《リー》数十輩を傭いて搬運（運搬）を事となさしむ。事畢《おわ》れば舟を以て之を渡らせて帰らす。舟小さく、人多くして、容《い》るる能《あた》わざれば、日本人、其の髪を捽《つかみ》て舟底に捺入《なにゅう》す（押し込む）。彼、両手にて髪を護り、口を哆《ふるわせ》て笑う。又た其の一歩一坐を見るに、糸毫《しごう》（いささか）も、公徳心無し。教（教育）無きの民、その愚、嘆く可きも、其の辱を受くるを知らざるは、又た悲しむ可し。予、彼の邦の上等人を睹《み》るを得ず。然れども、此に即せば、（彼らも）推して知る可し。

### 四月二日（陽四月二十八日）

船、煤（石炭）と水、食物を受けて充足す。船長、「果たして好天気を得る矣」と言う。午後五時半、（船）、行く（出発す）。一夜、穏やかに渡航（航海）す。是の日、一日本船にして万国丸を名となすもの、山東より来り、釜山港に入る。（この船）、亦た午後行きて海参崴（ウラジオストク）に向かう。此の船、中国人五百乃至六百を載《の》す。聞く、「（此）、毎歳陽四月後半より始まる、山東人の陸続として海参崴（ウラジオストク）に往く者、三四万人等しからず。此の種の人、初めより尽《ことごと》く崴埠《わいふ》に留まるには非ず。蓋し俄境（沿海州やアムール州などのロシア極東）、満境（東三省）に散布して、労働を以て生を為す者也、(37)政府（清朝政府）、此の事を知らず、即ち崴埠《わいふ》商員（ウラジオストク駐在の中国商務委員）、亦た其の数を査知する能《あた》わず、俄官、亦た確知する能わず」と。

**四月三日（陽四月二十九日）**

暁《あかつき》に起きる。波平らかなる、鏡の如し。左岸の山、尚お雪を戴《いただ》く。同舟の客、甲板に登りて眺望、欣快ならざる無し。日本郵船会社の客夫婦二人と乳一数月の児童（生後一数月の乳児）、連日、母子ともに困憊《こんぱい》（苦しみ疲れる）、啼号《ていごう》（幼子の泣き叫ぶ声）、憐《あわれ》む可し。今、甫《はじめ》て活発（元気はつらつ）となる。予等の異国の客、船長の親切（な待遇）を得る。故に（釜山に）滞ること一週になるも、困苦を感じず。

**四月四日（陽四月三十日）**

午前四時、元山港に抵（至）る。郵船会社、外子を邀《よう》（招請）して登陸させ作字（揮毫）させんと欲す。予、偕《とも》に往く。社屋、三四楹《えい》（建物を支えるために一定の間隔をおいて立てられる太い柱）、社員三四人、一室中に集まる。白木の机椅（机と椅子）の外、他物無し。外子云う、「以て中国の招商局（輪船招商局(38)）の華美を視れば、（日本郵船の社屋と招商局の社屋の違い）奚《なんぞ》天淵

(天と深淵との差)にとどまらん。然れども、貿易の事、固《もと》より飾観(見栄をはること)に在らざる也」と。社員、親自(親しく自ら)墨を研《す》り紙を舒《ひろ》ぐ。外子、書を為すや、二十余幅。観《み》る者、環集す。朝鮮人、亦た窓外に立ち、頸《くび》を延ばし、足を企《つまだ》つ。彼(彼ら)、半ば外国の客を観《み》、亦た半ば書く所の字を観《み》るは、人をして同文の感を興さしむ。朝鮮人、聯語を門に書くを好む。一聯有り、曰く、「人、誰か敢えて身を修むる者を欺かん、天、力穡《りきしょく》(己の労力にて生活する)の人を窮せしむ能《あた》わず」と。心を委ねて運に任せ、「物競之理」(生存競争の原理)に昧《くら》きは、已《すで》に笑う可きを覚ゆる。又た一聯に曰く、「薪を焼きて災を焼き去らしめ、水を汲みて貨(商品)を汲み来たらしむ」と。則ち幸福を「無何有之郷」(虚無の世界、ユートピア)に求めて自ら励むを図らざれば、日に困絶に就《つ》く、豈《あに》因無しと曰わんや。此の港、人煙(人家)、釜山の繁に及ばざれども、風景、之に勝《まさ》る。税関、亦た釜山の例の如し。日本人、千六百余、領事有り。

**四月五日(陽五月一日)**

午前八時、城津《じょうしん》(今日の金策)に抵(至)る。遙かに山麓を見るに、城址有り。古亭翼然《よくぜん》(秩序立ってきちんとしている)たり。蓋し昔年の城楼なるか。此の港、人煙、又た元山に如《し》かず、且つ開港して未だ久しからず(城津の開港は一八九八年)。故に初めより貿易無し。日本人、務《つと》めて其の朝鮮に在《お》ける勢力を加うれば、（朝鮮）、此の港を開くも、所謂貿易なる者、名のみなり。凡そ釜山、元山、城津の港、釜山の米を有するを除くの外、其の余の一器一物、長崎より来ざるは無し。居する所の屋、亦た材を庀《おさ》め載《の》せて来る。其の経営を惜しまざる、此の如し。奈、占《いかんせん》むる所の地瘠《やす》れば、本土（日本）に補する無し。其（日本）の、他国（ロシア）が（一九〇〇年の義和団事件の際に建設中の東清鉄道防衛を理由として出兵し、殆ど）戦力を費やさずして六十八万二千（平）方啓羅邁当（キロメートル）の沃壌《よくじょう》（肥沃の地）の要区（中国の東三省、即ち「満州」（以下満州と表記）をいう）を得るを視《み》て深く嫉《そねみにく》む、（これ）、宜《うべ》（当然）なる矣。午後五時、（船）、（城津を）行く（発つ）。明日、俄境（ロシア極東）の海参崴（ウラジオストク）に抵（至）らん。長崎より釜山に至る、海里にして百六十一。釜山より元山に至る、三百零四、元山より城津に至る、百三十、城津より海参崴（ウラジオストク）に至る、二百二十なり、と云う。

# 巻中

# 六　ウラジオストク

**四月六日（陽五月二日）**

暁の夢初めて醒むるに、彩霞《さいか》（朝焼け）と旭日《きょくじつ》（朝の太陽）、交《こもごも》水中に映り、山、螺鬟《らかん》（渦巻に結った髪の形）に聳《そび》え、波、砥鏡《ときょう》（よく磨いた鏡）の如きを見る。亟《すみ》やかに起き、遠鏡（望遠鏡）を携え甲板に登りて窺《うかが》い望めば、則ち一島（ルスキー島）孤聳《こしょう》（ただ一つそそり立ち）し、灯搭高峙《こうじ》（高くそびゆる）す。是《これ》、海参崴（ウラジオストク(39)）の港外なる矣。

海参崴なる者、中国人の旧名なり。近海、此（海参、なまこ）を産す。故に名あり。俄人（ロシア人）、地を得れば、必ず名を改む。且つ屡《しばしば》（地名を）改む。今、務拉的烏斯托克（ウラジオストク、日本人、書きて「浦塩斯徳」と為す者、此の四字を読む、略《ほぼ》俄音に近きを以てする也）。此、咸豊《かんぽう》十年（一八六〇年）、（中国）、俄国に贈与する所の者を為す(40)。俄、（ここに）東方第一の重要軍港を建て、（一八九八年には）、商港をも附設せり。光緒《こうしょ》廿四年（一八九八年）、（中国）、俄に遼東半島を慨贈《がいぞう》（なげきつつ贈与）[41]せり。是に於いて、旅順と大連湾、俄人の東方不凍第一良港と為り、海参崴、之に次ぐ（に至る）。

舟、島の左に循《そ》いて緩《ゆる》やかに行き、謂う所の金角港（金角湾）に入る。炮台（砲台）、左右高下、参差《さんさ》して（不揃いに）列《なら》ぶ。再び進めば、則ち山に依りて屋を列す。三面環抱《かんほう》（取り囲む）、市埠（市街と港）、（これ）に在り。舟、碇《いかり》を下ろす。

舟、甫《はじめ》て碇するに、小舟百数、競いて集まり客を渡さんとす。舟子（船頭）の十有八九、中国人と朝鮮人なり。彼、久しく崴埠《わいふ》（ウラジオストク）に（身を）寄すれば、豈《あに》俄例（ロシアの規則）、来客の驟《にわか》に登陸（上陸）を許さざるを知らざらん乎。環球各国（世界各国）、何等人たるを論ずる無く、また何地より来るかを論ずる無く、一概に禁止して、本国の准拠《じゅんきょ》（旅券、パスポート）有るに非ざれば、境を履《ふ》むを許さざる者、惟《た》だ俄のみ。〔入境を禁止する、猶お言う可き也、其の何等の人たるかを未だ明らかにせざる為也、出境を禁止する、亦た准拠（旅券）あるに非ざるは不可となすに至りては、則ち奇矣。（されど）（此）、猶お言う可き也、国人の他《た》徙《し》（他国への移住）を稽察《けいさつ》（調査）する為也、と。人の此の地より徙《うつ》りて彼の地に往くを禁ずるに至りては、相い隔つる二三十里、時を為す、或いは僅かに十余日なるも、亦た准拠あるに非

ウラジオストクと金角湾

ウラジオストクのスヴェトランスカヤ通り

ざるは不可となすも、則ち奇にして又た奇矣」。予と外子、先に駐俄（ロシア駐在）中国公使（胡惟徳《こいとく》(42)）より憑《ひょう》（保証状）を給され、又た曾て駐日俄国公使、之に簽名《せんめい》（署名）す、（此）、最優等の准拠（旅券）たり。鄂生四人、（署理）湖広総督（端方）より憑（旅券）を給され、駐漢口俄領事、之に簽名す。余人（銭恂の次子の妻と次女、ならびに銭恂の側室朝日）、則ち江海関道より憑を給され、李蘭舟、代わりて駐滬（上海駐在）俄領事に向かいて簽名す〔例費（規定の経費）有り、亦た小さからず〕。長崎より来る者、亦た駐長崎の華（中国）領事より憑を給して（駐長崎）俄領事、之に簽名す。〔例費、更に昂《たか》し〕。之を総ずるに、拠（旅券）の可ならざる有るに非ざるなり。

然れども、当港の華民四五万、（其の）尽《ことごと》くは拠（旅券）を有さず、と聞く。俄官、曾て厳しく令して検査するも、但に入境の准拠（旅券）、多半有る者無きのみならず、即ち税を課する所の身紙（身分証明書）、亦た互いに相い換験すれば、確数を覈《かく》（仔細に調査）し難し。〔俄例、人、貴賤老幼無く、（国家より）一身紙（身分証明書）を給され、年を按じて課税さる。身紙無ければ、苛罰の厳、思議する（思いはかる）可からず。此の身紙、又た時々索験《さくけん》（提示・更新を要求）して費を索《もと》む。而して華人、竟《つい》に此の身紙無く、崴埠等の処に混迹《こんせき》（まぎれこむ）する者有り〕。労働する人、太《あまりに》多く、尽《ことごと》く逐（追）うは不可なれば、遂に詞を飾り（口実を設

け）て査を罷《や》めり

舟、中流に碇《いかり》を下ろして医官の検疫《けんえき》を待つ。此、各国の通例なれど、俄、此に於いて独《ひと》り寛なり。医官三数人、艇（小型で軽快な船）に駕《の》りて来り、甲板に登りて一周すれば、便ち回帆《かいはん》（船を返）す。聞くは「疫有るや否や」のみにして、向《さき》に厳にする所に非ず。惟《た》だ機密に遇して外国船の入港を阻まんと欲すれば、則ち疫有るを以て名と為し、其の禁令を施す可し。

俄頃《がけい》（たちまち）、二警察（二人の警官）、長刀を佩し、短銃（ピストル）を腰につけ、二関役（二名の税関の下級職員）、鉄刺を執《と》り、封漆《ふうしつ》（封じ目にぬる漆）を手にし、来りて艙《そう》（船室）を験し、封を加える。俄頃（やがて）、三官（税関の三人の高官）来る。一役、小箱を捧げて侍す。官、餐室（食堂）に入りて坐し、船長に対して一礼を為し、（ボーイに）酒を呼び（注文し）て（持って）来させ、飲み且つ笑う。船長に強いるに酒を以てするも、船長、固（固辞）して飲まず、堅く辞して始めて免る。侍役、箱を呈し、退きて梯側《ていそく》（階段の傍）に立つ。官、箱中の印を出し、船長、上、中、下の乗客の「入口准拠」（旅券、パスポート）を出して（官に）験さしむ。官、印を船長に授け、（船長をして）代労（代行）せしむ。惟《た》だ予及び外子なる者の一紙（旅券）のみ、彼の官の手にて印を加える。（此）、久しくして畢《おわ》り、官（税関長）、去れば、則ち甲板上に税官立つ。舷傍、関役、（此を）守り、乗客の行嚢《こうのう》（旅行用トランク）を運びて渡舟に登《の》るを監視す。運ぶ者、関上の人なれば、物に大小無く、必ず二十戈（コペイカ）[43]を出資さす。一杖（杖）、一雨蓋（雨合羽）と雖も、苟《いやしく》も自ら携うるに非ざれば、必ず二十戈を取る。運びて岸上に至れば、坡地（堤）に列べて開拆《かいたく》（ひらきさく）す。其の験場（検査場）の無き、中国の（税関）の如し。其の検を厳にする、中国に過ぎ、東方人を遇するに、尤《もっと》も厳し。蓋し、方寸（一寸四方）の包みも開視せざる無し。甚だしきに至りては、綿の臥具（寝具）も、亦た拆視《たくし》（引き裂いて調べる）し、一盆栽の花も、亦た土を掀《かか》げて之を験《しら》ぶ。蓋し俄人、製造に拙《つたな》く、一切の精製（精製品）多く外国より来る。其の厳検（厳重なる検査）、固《もとよ》り保衛主義（国内産業保護・防衛主義）を用ゆる也。外子言う、「（予）、昔（以前）、土耳其（トルコ）に遊ぶ[44]、土関（トルコの税関）、向《さき》に厳検と称さるるも、猶お此の如くに至らず」と。予等一行、則ち先に駐俄公使（胡惟徳）より彼の外部（ロシアの外務大臣）に向かい彼の関（ウラジオストク税関長）に（打）電して「放行」（検査の免除）を托せり。故に特に優待を蒙《こうむ》る。（此の税関）、小汽艇を以て我を渡し、一物をも験《しら》べず。群（大勢の人）、以て異と為せり。

此の港に、中国、一商務委員を設く。（商務委員、享《う》くる所の権利、領事官に如《し》かず、日本、先に此（ウラジオストク）に領事を設けんと欲するも、俄、允《ゆる》さざれば、遂に降りて（一八七六年に）商務委員（貿易事務官）を設くる、[45] 中国、その後に踵《きびす》せり[46]〕、即ち李蘭舟也。蘭舟、（予等の訪問時には）適《たまたま》（折悪く）假帰《かき》（休暇を取りて帰国）せり。代理する者、（ウラジオストク華商）同利号商主の関《かん》君寿彭《じゅほう》なり。関君、粤人（広東人）にして、此の港に商すること廿年矣。事理に明るく、中国の官気（役人臭、官僚風の気風）無し。[47] 蘭舟の托を承《う》け、舟を来させて相い迎ゆる。商務署（商務委員の公館）中の李君次山と黄君朴臣も、亦た坡上（堤上）に来り、極めて周摯《しゅうし》（周到にして真摯）なり。予等一行九人、同じく商務署に投宿する、蓋し蘭舟の約（関寿彭との約束）（による）也。蘭舟、外子の愛人（妻）及び同行の諸人を推《お》す、尤《もっと》も感ず（感じ入る）可し。否ならば、則ち驟《にわか》に俄境（ロシアの地）に入り、事々に窘《くん》（窮する）を受くる矣。

今日より始めを為して、（予等の）履《ふ》む所の地、皆俄国の暦日（ロシア暦）を用ゆ。今は俄の四月十九日なり。俄、各国と同じく太陽暦を用ゆるに、何を以て各国と相い差（違）うこと十三日なるや。〔毎月の十四日、各国の次月（翌月）の一日《ついたち》を為す〕。外子、昔年、俄に在りし時、彼の暦と各国（の暦）との差（ずれ）、十二日なり。〔毎月の十三日、各国の次月の一日《ついたち》なり〕。今、差の十三日なる者、一九〇〇年、各国、閏年に非ざるに〔二月は廿八日なり〕、俄国、閏年〔二月は廿九日なり〕なる故による也。相差十余日に至るの故は、則ち各国用ゆる所の暦、乃ち教主（ローマ教皇）格勒革理第十三（グレゴリウス一三世）改むる所の新暦〔一五七二年時の教主〕なるに、俄、既に格勒新教㊽を宗《むね》とせざれば、格勒新暦を用いずして、仍《な》おも其の東教（東方教会）の旧暦を用ゆるのみにあり。

世界の文明国、格勒陽暦（グレゴリー暦）を用いざる無し〔回教（イスラム）各国、自ずから回（イスラム）暦を用い、安南国（ベトナム）、別に暦（成泰紀年の暦）有り〕、一歳の日（日数）に、定数有り。一月の日（日数）にも、定数有り。歳整い、月斉《そろ》う、政治上に於いて充分の便利を得る。会計の出入に関わる、（その便利なるは）論ずる無き矣。凡そ学校、兵役、罪懲、均しく斉一を得る。故に日本の毅《き》然《ぜん》として暦を改む、異を好むには非ざる矣。政治の斉一を得るを欲する、已《や》むを得ざる也。予、家事の経済を知るのみ。日本を履むより、家中の会計に陽暦を用ゆれば、便ち無窮の便利を得る。

（予）、外子が南皮張香濤《ちょうこうとう》（張之洞《ちょうしどう》）の言を述ぶるを聞く、曰く「世人、誤りて「改正朔〔正《せい》朔《さく》（暦）を改むる〕」の三字を以て「易代《えきだい》」（易朝代、則ち易姓革命による王朝の交替）と為す。故に相い率《ひき》いて言うを諱《い》む。此、三代（夏殷周）以前の事なるを知らざる耳。漢興り、秦の暦を承《う》けて用ゆ。代（朝代）、易《かわ》るも、正朔（暦）、未だ改めざる矣。太初更暦《たいしょこうれき》（前漢の武帝、太初元年、前一〇四年の改暦）、正朔改むるも、代（朝代）、未だ易わらざる也。厥《そ》の後、凡そ易代の倉皇《そうこう》（あわただしい）の際、必ず正朔を改むる暇《いとま》無かりき。而して統一、稍《やや》久しく、制度を修明すれば、則ち往々暦を修（修訂）す。本朝（清朝）、亦た康熙《こうき》の盛を以て始めて暦を修せり。然れば、則ち正朔を改むる、易代と相い干（関与）せず。何すれぞ、之《これ》有るを諱《い》むや」と。（此）、誠に名論也。

然れども、暦に慣るれば、亦た並存を妨げず。日本の郷僻、尚お旧暦を存し、以て其の歳事伏臘《ふくろう》（夏の三臥と旧暦の十二月）の礼を行う。（此）、庸何傷《いずくんぞ》あらん乎。外人と交渉するに至りては、則ち必ず明治某年の国暦を存せしむ。乃ち外子の言うを聞くに、「中国駐外各使館、凡そ本国政府の言を以て彼《か》の（国）の政府に告ぐるに、僅かに彼の暦のみを用いて我の暦を兼列（並列）せざるは、誠に詫異す（奇異に思う）可し」と。（人、或いは）猶お曰わん、「外人と交渉するに、我の暦を存すると雖も、彼《かれ》、知らざるなれば也」と。乃ち今の西文（欧文）を学ぶ者、学ぶこと数月にして、偶《たまたま》、筆を執り、短札（短い書簡）を作りて以て本国人に致せば、亦た開筆（冒頭）の第一行に、即ち西（西国）の日・月・年を書して「光緒幾年」を書く者を未だ見ざるは、是、何の故なるや。予、素《もとよ》り此を鄙《いやし》む。故に日記（本書『癸卯旅行記』）の首に我の暦を列し、兼ねて陽暦を注する也。

**四月七日（陽五月三日）**

外子、往きて関君（商務委員代理関寿彭）に答（答礼）し、且つ其れ（関寿彭）と偕《とも》に俄税官長（ウラジオストク税関長）の処に往きて其の慇懃《いんぎん》（好意、ここではウラジオストク港への到着時における自分たちへの特別の待遇）に謝せり。此（この人物）、東方総関長（ロシア極東の総税関長）なり。（彼の）権力、（遠く）貝加爾湖（バイカル湖）辺にまで及ぶ。(49)故に（この表敬訪問に托して）其れ（彼）に（露満国境の）満州里《まんしゅうり》の税関に電（打電）して（予等の）「放行」（税関での荷物検査の免除）を嘱《しょく》（依頼）せり。伊《かれ》（彼）、允諾《いんだく》（承諾）す。而して重く大なる物（荷物）八件、即ち（即座に）伊《かれ》（彼）の漆鉛（黒鉛）により封識、「（これにて）、何地なるやを論ずる無く、開視を免る可し云」と謂う。伊《かれ》（彼）の夫人、亦た出でて見《まみえ》る。俄頃《がけい》（やがて）、伊《か》の夫婦、答（答礼）に来る。伊《か》の夫人、蓋し予の偕《とも》に行きて来訪せしを知る也。予、初め未だ（伊《か》の夫婦の来答を）知らざれば、迎えるに及ばず、伊《か》の夫人も、亦た車を下りずに返る。予、頗る歉然《けんぜん》（恐縮する）なれば、乃ち（ただちに）漢文（中文）の道歉書《どうけんしょ》（失礼を詫びる書状）を作り、関君に訳を托して（税関長夫人の手元に）致さしむ。

**四月八日（陽五月四日）**

凌晨《りょうしん》（朝まだき）、外子と偕《とも》に歩きて出門、港に循《そ》いて市（市街）に至り、此の間（此の地）

の風土を一覧す。先に（港に）泊する所の（ロシアの）巨（巨大）なる軍艦二（隻）を見る、（此）、皆四（本の）煙突を有するも、其の名を知らず、更に何等の艦にして何等の力を有するかをも知らざる也。去歳、日本の横須賀、一軍艦を造成し、進水式を挙（行）するに、西例（西洋諸国の慣例）に倣《なら》いて男女の賓（賓客）を延《まね》く。子婦（長子の妻包豊保）、女学生の故を以て、女校長（実践女学校長下田歌子）の之を挈《ひ》きて（引き連れて）往くを蒙《こうむ》り、女賓の末座に列す。亦た其の造法と用法を預《あらかじ》め聞くを得る。而して予、屢《しばしば》呉《ご》淞口《しょうこう》（長江下流の港）を経るに、外子、毎《つね》に謂う所の「海容」、「海圻《かいき》」なる者（軍艦）を指して「此、中国の新軍艦也(50)」と曰う。我が婦女輩の（此に）登るを獲《え》ざるは論ずる無く、即ち外子も亦た未だ嘗て登覧せず。以て異国が毎艦の炮（砲）数、炮力、速率（速度）、船質、必ず一々詳しく播し（つたえ）、惟《た》だ人の知らざるのみを恐るる者に視《くら》ぶれば、相い去ること如何《いかん》ぞや（と思えり）〔（西国）、人々の用ゆる所の日記本（日記帳）、此の種の事を刊印（記載）せざる無し〕。

三数里を歩きて当港の著名なる記念門(51)を訪れる。門、港濱に峙《じ》（そびゆる）す。乃ち光緒十七年辛卯《しんぼう》（一八九一年）、今の俄帝（ロシア皇帝）尼果頼司第二（ニコライ二世）、太子たりし時に当たり、此に在りて鉄路（ウスリー鉄道）起工式を挙行(52)、此の門を建てて記念と為す也。（此の門）、上、尼果頼（ニコライ）の肖像を表す。彼の国、西伯利鉄路（シベリア鉄道）を海参崴に通

皇太子紀念門

銭単士釐撰『癸卯旅行記』巻頭図版
早稲田大学図書館蔵

すを蓄意せり（秘かに企む）。（此）、誠に国の必要を謀《はか》るも、豈《あに》更に満州を横貫（横断）、（人の）意外に出るを知らん乎。傍《かたわら》に博物院（博物館）有り。院（館）小さく、門亦た啓《ひら》かざれば、多品無からんと諒《りょう》（推しはかり）し、亦た遂に観《み》ず。

院外に豊碑《ほうひ》（大きく高い碑）、高峙《こうじ》す。遙かに望めば、新鐫《しんせん》（新たに彫り刻む）の漢文なり。（予）、之を奇とす。就《つ》きて観《み》るに、乃ち（署理）寧古塔（ニングタ）副都統訥蔭《とついん》、庚子《こうし》（光緒二六年一九〇〇年）、俄兵、塔城（寧古塔、ニングタ）を占せしに因《よ》り、俄将（ロシアの将軍）の功徳を頌《たた》えし者也。碑蔭（碑の裏面）、俄文に訳すものを為す。訥蔭、満州（満族）の世僕（満州王朝より世襲の特権を与えられた官）にして、其の忠順なる服従、種性（種族の特性）に属す。俄を見て俄に感ずる、正《まさ》しく其の天徳ならん、但し文字、其の長ずる所に非ざる也。何地の某甲、此の綺麗《きれい》の詞章（文章）を捉刀《そくとう》（彫刀を捉る）せしやを知らず。文、録するに下の如し。

夫れ甲仗星馳《こうじょうせいち》（厳しい戦い）の日に値（当た）り、能《よ》く殺を禁ずるを以て心と為し、威を寅《つつし》み凱奏する（凱歌をあげる）の余に当たり、能く招懐《しょうかい》（敵を招き懐柔する）を以て事と為す。百《ひゃく》姓《せい》（民）をして其の業に安んじしめ、一城（都市、ニングタ）をして厥《そ》の攸居《ゆうきょ》（居るところ）を奠《さだめ》しむ。此、其の人、之を中国に求むれば、聞くは罕《まれ》と為《な》さざるも、之を外洋に求むれば、実に稀にのみ有る所なり。乃ち意《おもわ》ざりき、今、之を大俄国東海濱省巡撫遅公（ロシア沿海州軍務知事チチャコフ公）に得る焉、とは。公、俄疆（ロシア）の名宦《めいかん》（著名な官憲）、海隅（沿海の辺地）の旧臣（老臣）たり。本年夏（光緒二六年夏）に於いて、陡《にわか》に拳匪《けんぴ》（義和団）、乱を倡《とな》え、衅《きん》（争い）を隣邦（隣国ロシア）に構うる有り。公、乃ち節制の師（麾下の軍）を統《す》べ、琱戈《ちょうか》（色彩で装飾した戈）電挙、貔貅《ひきゅう》（勇猛な軍）の衆を擁し、鉄騎風馳《てっきふうち》（軍を疾風のように進撃させ）、竟《つい》に八月初旬を以て塔（ニングタ）に拠《よ》る。斯《こ》の時たるや、山城の烽燧《ほうすい》（のろし）を睹《み》、襁負《きょうふ》（赤子を背負う者）、途を塞《ふさ》ぐ。火器の砰轟《ほうごう》（大きな音）を聞き、哭声《こくせい》（泣き声）、野に遍《あまね》し。以為《おもえ》らく、敵人入境すれば、玉石、倶《とも》に焚《た》かるるを免れ難し。況や言語通ぜず、華民、安《いずくん》ぞ必ず恙《つつが》無からんや。豈《あに》敢えて其の殺戮《さつりく》を肆《ほしいまま》にせず、城中の安堵、故《もと》の如きを期せん乎、と。而《しか》るに公、殺人を嗜《たしな》まずして能《よ》く衆を済《たす》く。其の始め、則ち軍容甚だ盛んにして、闞《ほゆ》ること、雷霆《らいてい》（いかづち）の若《ごと》し。其の終わり、則ち愷沢《かいたく》（やわらぐ沢）の傍流の沛《すみや》かなる、雨露の如し。盗賊を緝《とら》え、以て民業を安んじ、百務をして倶《とも》に興らしむ。囷《きん》（米倉）を開き、以て民の飢えを救い、万家をして徳を食さしむ。他に養疚《ようきゅう》（久しき病を治療する）の所を設くるに若《したが》い、以て民の痼《こ》（長引く病）を理《おさ》め、義塾（民衆のために設立した学費を徴収しない私塾）の坊を建て、以て民学に便ならしむ。其の恩を施す者に在りては、固《もと》より已《すで》に懐（思い）の至らざる無く、其の恵を受くる者、行くに、口有れば皆碑を言うを見る矣。予等、幸いに涵容《かんよう》（寛大に）に遇され、その光彩（威光）に依《よ》るを得る。是の翁の矍鑠《かくしゃく》（年老いるも元気なること）、功、壺頭《ことう》（壺頭山、湖北省崇陽県にある山）に建つに比するに堪《た》えん。都督の仁慈、碑を峴首《けんしゅ》（峴首山、湖北省襄陽にある山）に留むるを禁じ難し。此の日の干戈《かんか》（たてとほこ、戦い）已《すで》に戢《おさま》り、環海をして衽席《じんせき》の安（安楽な境遇）に群登せしむるを欣《よろこ》ぶ。将来、和睦恒修するを冀《のぞ》み、吾輩の共に昇平の福を享《う》くるを幸《こいねが》う也。是に記を為す。

署理寧古塔副都統訥蔭、属官舗商等を閤率して（あわせひきいて）建つ。

光緒二十六年十二月吉日、立つ。

李蘭舟、此の碑の崴埠《わいふ》に堅立するを以て、引きて国民の大辱と為し、曾て録して北京政府（清朝政府）に告ぐるも、政府、答えず。

此の碑、訥薩、寧古塔より万山を越え、輦《れん》（挽きはこぶ）して来、以て遅怯苛夫（チチャコフ）に献じたる者なり〔旧任の固必乃脱（グベルナートル、正しくはウオエンヌイ＝グベルナートル。軍務知事）、俗に巡撫と称する者なり、時に兵を統《す》べて寧古塔を占取す〕。遅（チチャコフ）、敢えて秘さず、以て俄君（ロシア皇帝）に告ぐ。俄君、「応《まさ》に此の挙を受くるべからず」、と謂う。而して遅、適《たまたま》（まさにその折に）任を去る。後に来る者（コリュバキン将軍）、却《かえさ》んと欲するも能《あた》わず、受けんと欲するも主無ければ、乃ち碑を院（ウラジオストク博物館）外に置く耳。

午後、日本の代理貿易事務官鈴木陽之助君及び外務書記生佐々木静君（正しくは佐々木静吾君）、来訪せり。予も亦た出でて見《まみ》え、外子の為に伝訳（通訳）せり〔本任の（貿易事務官）川上《かわかみ》俊彦《としつね》(53)君、時に適《たまたま》假帰（休暇帰国中）なればなり〕。

**四月九日（陽五月五日）**

外子、同利号の関君を往訪（訪問）す。予も、亦た其の夫人を往訪せり。予、粤語（広東語）を善《よ》くせず、関君に頼りて意を通ず。又た即ち同利に在りて旅用品数事を購《か》う。同利、当港華商の第一家を為す。然れども、備うる所の中国品、多からず。粤産数種の外、略《やや》江浙の織物有るも、亦た旅崴（ウラジオストク滞在）の華人の用ゆる所のみ。その他の十に八有るは、上海より転来する所謂「洋貨」（舶来品）なる者を為す。外子云う「徳国（ドイツ）の品多し。(54)其の二階に列する所、即ち日本品矣。華品の外国人の用に適さざる、顧むるに是の如きなる耶」と。

此の港の四近（四方）一二千里、居民稀少、亦た僅かに漁猟（漁業と狩猟）を事とすれば、貨物（商品）を需する所無し。兵を屯《あつ》め官を増し、商販、之に従うと雖も、意、招来に在り。故に曾て定めて無税口岸（自由港）(55)と為す。日本の工芸（工業）進歩し、港に運入する者日に多きに迨《およ》びて、俄人、之に嫉（嫉妬）し、遂に（一九〇一年六月一日）、無税の令を廃せり。(56)李蘭舟、此に在りて、曾て「華貨（中国産物資）免税の議」を創陳（提言）、果たして其の政府（ペテルブルクのロシア当局）の允諾《いんだく》（許可）を得る。乃ち日本、此の例を援《ひ》かんと欲す。故に（ロシア）、（華貨免税後）四月（四ヶ月を経過）せずして、又た免税の令を廃せり。(57)今、同利の儲する（たくわえる）所の貨、尚お免税期内に輸入する者なり。彼謂う「以後、税重く利無きを以て、商貨を減少せしむるを恐るる矣」と。此の港の食する所の米、皆日本より来る。日本、己国（自国）の産する所の精米、美州（アメリカ）に運銷《うんしょう》（輸出）す。次なる者、近隣に運銷す。而して己国（自国）も又た中国米を輸入して之を食す。蓋し輸出する者、善価を得、輸入する者、廉価を為す也。又た此の港、海に瀕《ひん》すると雖も、水淡にして塩を成さず。(58)食する所の塩、均しく香港より運び来る。其の実、（其の）半ばは吾浙（浙江省）の泰塩（泰州産の塩）なり。瀕海、漁業頗る盛ん。塩漬に頼りて遠きに致せば、需する所、尤も多し。去年（昨年、一九〇二年）、外子、中英商約（中英通商条約、マッケイ条約ともいう）(59)を予議、洋塩入口（輸入）の一事、頗る争持《そうじ》（争って譲らぬ）を費やすを知る。外子、本《もと》、「洋塩貴《たか》く、華塩賤《やす》ければ、断じて洋塩を運びて華地に銷《しょう》（販売）する事無からん」と疑う。然からば、則ち入口（輸入）の議、何より起こるや。（外子）、初め、「此の口より彼の口に運び〔鎮口より運びて九江に至るが如し〕、借りて旧約（旧来の中英通商条約）(60)の「輪船、塩を運ばず」の一節を毀すを欲するならん」と以為《おも》えり。今、始めて香港の積塩、多きに過ぎ、銷路（販路）を謀《はか》るを欲するを知る耳〔約を按ずるに、凡そ貨の香港より来る者、「洋貨」を名のる〕。

今春、滬《こ》（上海）に在りて、又た「徳商（ドイツ商人）、淮塩《わいえん》（安徽省産の塩）を攬載《らんさい》（船に積載）して出口（輸出）するを欲す、毎歳の認額（引き受ける額）も、頗る巨なり」と聞く。其の果たして何地に運するかを詢《と》えば、則ち「満州、俄境（ロシア極東）の各城（各都市）なり」と云う。満州境内、頓《にわか》に百万の俄兵と俄民を増すにより、塩を需むる、自ずから多し。徳商の此の議、誠に敏眼なり。惜しむらくは、中国の塩官、徒《いたずら》に旧例に拘《こだわ》りて改張する（制度や法を改正・改革する）を知らざる耳。

李蘭舟、此に在りて、曾て華商に一病院を設くるにより俄例の苛虐を免るるを勧めり。果たして俄人の允許《いんきょ》（許可）を得るや、併せて（ロシア当局の）毎年徴する所の毎人二盧布（ルーブル）の医費を以て統抜（一括控除）し華医院（華人用病院）の費用として還供《かんきょう》（還付）するを允《ゆる》せり。（此）、俄人に在りては、極めて情理を尽《つ》くせりと謂う可きなるも、華人、転じて院規（病院設置規則）の治病、西法を用ゆるを以て、輸助《ゆじょ》（寄付）に勇《はげ》まざれば、院屋立つと雖も、治療未だ実施する能《あた》わざるを致せり。（此）、（真に）嘆く可し。

又た海参崴、「一華人死する毎に、極めて有力に非ざる者、往々僻処《へきしょ》に棄て置かれ、俄官の埋葬するに任《まか》す」と聞く。（予）、「何の故を以て」と詢《と》えば、則ち「家に死人あれば、官に報ずるに非ざれば不可、報ずれば、必ず医官の験死（検死）を俟《ま》ち、方《はじめて》殮葬《れんそう》（納棺して埋葬）するを許す、時に或いは詞に借りて剖験（解剖による検死）を須《ま》つ、苟《いやしく》も剖験を免れんと欲すれば、五百盧布（ルーブル）を賄するに非ざれば不可なり、故に（華人）、敢えて軽く（軽々しく）（官に）報じず、又た、此の間（この地）、強盗極めて多きも、俄官、甚だしくは意を措《お》かず、即ち控（控訴）するも効無し。故に盗の胆、愈《いよいよ》壮なり」と謂う。聞く、「前数日、一書生、華人二人の一巨嚢《のう》（袋）を運びて山に登るに遇せり、（嚢に）血痕有り、迫りて之を視《み》んとすれば、（華人）、嚢を棄てて去る、（見れば）、則ち赫然《かくぜん》（驚くべきことに）、支解を被る（バラバラにされた）死人也、（されど）、案（事件）、亦た発する（露見する）莫《な》し」と。「殺人の事、幾《ほとん》ど旬（十日）に之の無きは無し」と聞けり。

此の間（この地）に一奇なる女子有り。名は彩林〔或いは姓は蔡、名は林〕。無錫の人。年已《すで》に六十余なり。先に一俄人に嫁ぎ、現、一張姓なる者に嫁す。女、英、俄語に通じ、経営に善く、資財に富み、頗る信を市上に見る。彼（彼女）の一言を得れば、（人）、数万金をも立ちどころに貸す。其の資財、半ば、俄夫（ロシア人の夫）の遺す所に由《よ》り、半ば、営積（事業経営での蓄積）より得る所に由《よ》る。曾て資を聚《あつ》め内地に一帰するに、官紳、之を欺き、将《まさ》にその有する所を保せざれば、遂に重遊（ウラジオストクに戻り）して復た帰らず。（此）、亦た徳国の浙江人田《でん》阿《あ》喜《き》の流亜《りゅうあ》（やから）に殆《ちか》き歟。

是の日、外子と偕《とも》に（日本の代理貿易事務官）鈴木夫婦を往答（答礼）す。鈴木、導きて烏蘇里（ウスリー鉄道[61]）の停車場（ウラジオストク駅）を観《み》さす。俄例（ロシアの鉄道規則）、寛（寛大）なり。閑人の（駅への）入場と登車（乗車）を任（放任）して阻む無く、日本の拠（切符）有るに非ざれば入場するを得ずの如き無し。俄車（ロシアの列車）、一等の者、青色、二等の者、褐色、三等の者、緑色なり。〔日本、一等なる者、白色、二等なる者、青色、三等なる者、赤色なり〕。

## 七　ウラジオストクからハルビンへ

**四月十日（陽五月六日）**

商務署中に俄員（ロシア人職員）鄔《う》君有り、華語（中国語）に通ず。〔鄔（君）、東方学堂（ウラジオストクの東洋学院[62]）の学生たり、此の学堂の程度、大約《おおむね》日本の高等学校（旧制高等学校）と相い等し。俄例、学課（学業、授業への出席）、重んずる所に非ざるにより、学生、毎《つね》に自ら生計を謀《はか》る、故に鄔君、商務署に出勤するを得る。日本、学生の兼勤（兼務）するを得ざるに於いては、学課を重んずるの故を以てす〕。（鄔君）、連日予等の為に奔走し、拼《あわ》せて汽車及び行《こう》嚢《のう》（旅行用トランク）の事に擋《あた》りて頗る労（苦労）す。（予等）、是の日、又た李（李次山）、黄（黄朴臣）両君の言、「俄地の旅行、迥《はるか》に他国の比ぶる可きに非ず、且つ交界（両国間の国境の駅）における換車（列車の乗り継ぎ）、最も難、重要物件（重要な携帯品）の窃《ぬすま》るる、又た、是れ常事なり」を承《う》く。〔劉君仕熙なる者、李君の友、亦た外子の友にして哈爾賓（ハルビン）に居す。

曾て金珠器数種有り、価値五六百金、一友人に托し親《したし》く携えて哈（ハルビン）に赴かしめんとす、道、崴埠《わいふ》を出ずれば、李君より是を送（運び）て行かしむ。此の友人、鄭重に托を受く。詎《なんぞ》行きて交界に至るや、一眨眼《そうがん》（まばたきする）に人に窃《ぬす》み去られる。俄人、既に盗賊多し。俄官又た盗賊を緝《とら》えず、任《たと》え（官に）訴うるも、応ずる者無ければ、竟《つい》に烏有《うゆう》に帰す（跡形もなくなる）。李君、此の事を経るより、頗る「交界換車」を以て畏途《いと》（恐ろしいこと）と為す〕、（李君）、予等の種々の不便を恐れ、乃ち鄔君に予等を伴送（同行）して交界に至るを嘱す。鄔君、允諾《いんだく》（応諾）するや、予等も亦た欣然（喜ぶ）。〔幸い俄例、学課を重んじず、故に鄔君、暫く学を輟《や》むること可となる〕。

午餐後、一行十人、行を啓《ひら》く。是に先んじて、行嚢の大なる者八件、海口の税関に存する（あずける）有り、亦た同利号、代わりに取りて来る。〔賃（保管料）八盧布（ルーブル）を給す。長崎に在りて亦た関に存《あずく》るも、賃無し、蓋し専ら旅客の荷物に便にせり〕。商務署中、先に車駅に向かいて専車（専用車）を定むる（を求め）、駅長、可と曰う。但し、駅権（駅長の権限）、交界に至りて止《や》む。果たして已《すで》に一専車を備うれば、他の客を乗せず。此の車、半ば、一等位たり。半ば、二等位たり。十客同乗すれば、頗る安適なり。此、駅長の情、商務署の力、亦た鄔君の労（苦労の賜）也。

二時十八分、車〔列車〕行く〔発車する〕。関、李、黄三君、巾〔ハンカチ〕を揮《ふ》りて別れる。此より鉄路、森堡〔ペテルブルク〕に直達する可し。〔止《ただ》貝加爾回岸〔バイカル迴岸線〕、未だ成らず。然れども、〔成るは〕、亦た二ヶ年を出ず」(63)。光緒廿六年〔一九〇〇年〕、日本工学士〔正しくは工学博士〕田辺朔郎《たなべさくろう》、此の駅を経る時に当たり、「停車場の混雑、名状す可らず、発車、時刻に依《よ》らず、乗車、切符に依らず」〔と記す〕(64)。今已《すで》に漸く此の弊を除く。予等の購《か》う所の切符、烏蘇里〔ウスリー〕線及び国境東線(65)の者のみ。〔線名の解〔解説〕、下文を見よ〕。国境東線を過ぐれば、当《まさ》に別に満州東線(66)の切符を購《か》うべし。賃価、固《もとよ》り日本より昂《たか》し。而して携帯品の運価〔運賃〕、尤も昂し。華人の携うる所、本《もと》より西人より多きを為す。日本の一等位〔一等車〕に在る者、〔携帯品の運価〕、百六十斤もの重額〔大きな重量〕を得る可きも、俄路、僅かに三十余斤〔一舗特、一ブード、一噸の六三分の一、一五・三八キログラム〕を得るのみ。此の如き運行、豈《あに》三十余斤の物の能《よ》く用に敷《し》く〔足る〕所ならんや。蓋し俄人、本《もと》より旅客の為に便利を謀《はか》らざるは、怪《あや》しむに足る無き也。此の車、食堂有り。〔毎餐四品、価一盧布〔ルーブル〕、茶一杯十五戈〔コペイカ〕なり」。

此より西駛《せいし》〔西に向かって進む〕、歴する所の路線名、先に列するに左の如し。

| 線名 | 位置 | 唯斯特(ヴェルスト、[67]露里)数 |
|---|---|---|
| 烏蘇里 | 海参崴(ウラジオストク)―伯利(ハバロフスク) | 七一七(今行く所の者、一〇一二) |
| 国境東 | 尼果頼司科(ニコリスク)―柯楽特保甫(グロデコボ) | 九一 |
| 満州東 | 柯楽特保甫(グロデコボ)―哈爾賓(ハルビン) | 五三六 |
| 満州西 | 哈爾賓(ハルビン)―満州里 | 九〇七 |
| 国境西 | 満州里―契丹司基(カルィムスカヤ) | 三四〇 |
| 後貝加爾(ザバイカル) | 斯特列田斯克(ストレーテンスク)―梅索瓦(ミソワヤ) | 一六七一(今行く所の者) |
| 貝加爾(バイカル)迴岸 | 梅索瓦(ミソワヤ)―伊爾庫次克(イルクーツク) | 二九二(未だ成らず) |
| 中西伯利(中シベリア) | 伊爾庫次克(イルクーツク)―鄂畢(オビ) | 一七一七 |
| 西西伯利(西シベリア) | 鄂畢(オビ)―車里雅賓(チェリャビンスク) | 一三三二 |
| 烏拉(ウラル) | 車里雅賓(チェリャビンスク)―慈拉特(ズラトゥスト) | 一五〇 |
| 欧俄(欧露) | 慈拉特(ズラトゥスト)―薩馬拉(サマラ) | 七九一 |
| | 薩馬拉(サマラ)―莫斯科(モスクワ) | 一一一八 |
| | 莫斯科(モスクワ)―森堡(ペテルブルク) | 六〇四 |

車行の左、海(アムール湾)に臨み、右、山に倚《よ》れば、頗る風景、饒《じょう》(ゆたか)なり。行くこ

と二里にして、著名なる満州鉄道（東清鉄道[68]）との分岐点の大駅に抵（至）る。（此）、東西の図籍（地図・書籍）の共に載《の》する所、今の帝の名を以て駅名となす、謂う所の尼果頼司科（ニコリスク）矣。中国の旧称、双城子《そうじょうし》なり。然れども、今又た尼果頼司科を名とはせざる矣。彼（ロシア）の本年一月一日より（ロシア）東方海軍の大将（正しくはロシア太平洋艦隊司令官）の名に改用、名付けて司柯里楽夫（スクルイドロフ）と曰う矣。俄人、人（他国）に土地を割《さ》かしむるや、必ず新しい名に易《か》え、人をして懐旧の感を無からしめんと欲す。今、此の地（ニコリスク）、俄の手に入りて已《すで》に四十余年矣。即ち鉄路告成（完成）して、亦た已《すで》に八年なり。而《しか》るに忽《たちま》ち又た改名する、（此）、烏満鉄道（ウスリー・満州両鉄道）の分岐点たるを以て、其の名、世界の耳目を惹《ひ》くを殆《あやぶ》み、故《ことさら》に名を易《か》え、以て之を避くるならん歟。

午後十一時、柯楽特倮甫（グロデコボ）駅に抵（至）る。華人、称して五站《ごたん》と為す。或いは「駅、双城子を距《へだつ》ること五站、故に名と為す」と曰う。〔站なる者、人馬の行きて一日に至る能《あた》う所の路を約す〕。国境東線、此に至りて已《すで》に終われば、乃ち満州東線の切符を購《か》う。〔時に尚お満州西線[69]に直達する切符を購入する能《あた》わず〕、即ち駅中に在りて換乗（乗換）、例（規則）による関吏（税関職員）の検査を受けず。況や東より西に行く、乃ち俄より華に入るを為すは、其の関権、応《まさ》に華に在りて俄に在らざるべし。[70]然れども今日の関権、乃ち俄に在りて華に在らず。聞くに、西より東に行くと東より西に行くを論ずる無く、均しく検査を事とするは、蓋し日本に逼迫《ひっぱく》（せまる）するためならん。俄人、日貨（日本製の物資）の其の境に入るを悪《にく》み、其の華境（中国領）に入るをも悪む、と。俄貨（ロシア産の物資）の華に入るに至りては、一則、「旧約界の左右五十里（里は露里、ヴェルスト）、任便（自由）往来」と曰い〔西北荒界（辺境）旧例〕、再則（別の条文）、「此の五十里、即ち一百華里」と曰う。試みに問う、「入境百里以後、尚お地を扼《やく》し、関を設けて税を徴する乎」と。然れば、則ち（中国）、陸路の俄貨（に対し）、永く徴税の策無き矣。(71)

予等、停車場の食堂に就きて稍《やや》憩い、一等の待合室に入る。守者（係員）、（予等を）睨視《げいし》（にらむ）すること久しき。蓋し華人、向《さき》に一等位（一等車）に乗らざる也。食堂の男女客、飲啖《いんたん》（飲食）して方《はじめて》喧《かまびす》し。武官、多きを為す。一夫人慇懃に坐を譲るも、語言通じざれば、謝を致す（お礼の言葉を言う）のみ。一時許（一時間ほど）候《ま》ちて、鄔君、（予等を）導き登車せしむ。車室の坐位（座席）、裕《ゆう》ならず。鄔君、未だ受くる所の委託の義務を尽《つ》くさざるを以て、亦た換乗して再《さら》に送らんとす。（予等）、之を辞するも獲《え》ず。又た一駅にして朴喀尼次那耶（ボクラニーチナヤ、中国名は綏芬河《すいふんが》）に至る。訳して交界（国境）と言う。蓋し已《すで》に満州境に入りて八俄里矣。柯駅（グロデコボ駅）より朴駅（ボクラニーチナヤ駅）に至る、皆、山路なり、隧道（トンネル）五つを穿《うが》つ。（その）最深なる者、一百薩仁（サージェン）と聞く。〔一薩仁（サージェン）は華六尺余（日本の七尺五分）、二・一三メートルに当たる〕[72]。朴駅は第二等の駅を為す。〔凡そ（駅の等位）、五等（有り）〕。駅長、柯の三等駅なるより尊を為す。鄔君、向《さき》に商（協議）して（予等の為に）（駅長に）坐位（座席）を増すを請う。果たして（駅長）一室を増開するを為す。鄔君、遂に辞して崴埠（ウラジオストク）に返る。此の路、華員の一等位に乗る者有るに備えず。故に一等の切符に華字無し。其の二等切符には華字有り。（予）、（切符を）諦観《ていかん》（つまびらかにみる）するに、乃ち秦家岡〔即ち哈爾賓（ハルビン）〕より交界に来る者（に給する切符）にして、此の間（此の地）より哈爾賓に往く者に（供するものに）非ざれば、一切、尚お規則に合わざるなり。鄔君、有心の人也。外子に与（向）かいて俄商の自由に貿易するを得ざると、俄学生の自由に読書（学術研究）をなすを得ざるを談じ、之を言いて慨然たり（しきりに嘆く）。

**四月十一日（陽五月七日）**

午前六時、馬橋河駅に抵（至）る。寒を衝《つ》きて一望すれば、山陽の爽塏《そうかい》（土地が高く乾燥した）の処に俄人の聚居《しゅうきょ》（集落）有り、稍《やや》遠きに華人の村落有るを見る。鉄路の開築を必（必要）とせし後、方《ようやく》始めて聚（集落）を成す。昔（以前）に在りては要隘《ようい》（要害の地）なるを知らず、荒山綿亘《こうざんめんえん》するのみならん。俄《にわか》に穆林（穆稜）駅に過（至）る。車（列車）に食堂無きに因《よ》り、故に下車して食物を購《か》う。駅の左右、板を支えて屋を為し、水を沸かし茶を待（供）し、肉を炙《あぶ》り餌（食物）を団（丸く）する者、皆、俄人也。下等の労働（をなす者）、則ち半役の華人なり。〔満境（満州）に入りし後、朝鮮（朝鮮人）の労働（する者）、漸く少なし〕。九時、帯馬溝駅を過ぐ。凡そ隧道四（個）を穿《うが》つ。その一つ、行くは四分鐘（四分）、百九十五薩仁（サージェン）の深さ云、と聞く。

午間、牡丹江《ぼたんこう》（フルハ川）を絶《よこぎ》りて過ぐ。迤南《いなん》（斜め南）、即ち寧古塔城（ニングタ城。一六二五年以来駐防八旗が配置されていた清朝の北満統治のための軍事上の拠点）なり。溯《さかのぼ》れば順治十一年（一六五四年）、俄の可薩克兵（コサック兵、カザーク兵ともいう[73]。ステパノフ指揮下の部隊とされている）、寧古塔に直招（直進してそこで兵を募る）、中国（清朝）（寧古塔）都統沙爾呼達（シャルフダ[74]）に敗れる所となる。往時、復た追う可からざる矣。浙人呉兆騫《ごちょうけん》（正しくは呉振臣《ごしんしん》）、親（父親呉兆騫）に侍して戈（武器）を荷（にない持）ち、寧古塔の政俗を記すこと頗る詳なり[75]。今、亦た時異なり、勢殊《こと》にする矣。南望して嘆きを増す。知らず、碑を撰せし訥陰《とついん》、尚お塔城に在るや否やを。

午後三時、横道河子駅《おうどうかし》に過（至）る。駐停（停車）、稍《やや》久し。本《もと》より下車して食に就《つ》く可きも、雨雪泥濘《うせつでいねい》（雨と雪によるぬかるみ）のために果たせず、早々に物を購《か》いて飢えを充たすのみ。今日行く所、忽《たちま》ち山間の平路と為れば、則ち左右の山坡、時に雑花有り、略《やや》春景を存す。又忽《たちま》ち山路と為れば、則ち怪石枯樹《かいせきこじゅ》（怪異な形の石や枯れた樹木）、車窓に近逼《きんぷく》（迫り来る）す。又た或いは已《すで》に伐《き》られ已《すで》に毀されし樹根、道の側に巉立《ざんりつ》する（険しく切り立つ）、無慮（ざっと）千万。又た路工（鉄道敷設工事）未だ畢《おわ》らず、故に沙石と材木、遍《あまね》く道上に臥《ふ》す。山、積雪を戴《いただ》き、澗《かん》（谷川）、層氷を冱《ご》（凍結）させて、一種の陰迷の気象有り。回憶するに、日本の近日、鯉幟《りし》（鯉のぼり）、風に颺《あが》り、〔東俗（日本の風俗）、重午（端午）を以て男児の令節（節句）と為す、家に男児有る者、帛《はく》或いは紙を製して大鯉を為《つく》り、杆《かん》（さお）を樹《た》てて之を懸《か》く。児の多き者、鯉多し。大小の飄蕩《ひょうとう》（ふきあがり）、頗る悦目（目を喜ばす）に堪《た》ゆ〕、菖蒲、躑躅《つつじ》、次第に放花（開花）、〔日本の菖蒲、五色の花を開く〕、何ぞ和暖を等しくせんや。入暮（夕刻）、一面坡駅に抵（至）る。雲開き、月朗《あかる》く、喬木、影を篩《ふるい》て窓外より飛び過ぐ。枕に憑《よ》りて之を観《み》れば、劇（激し）く詩境を饒《ゆたか》にせり。予、年来、久しく韻語を輟《や》むれば、蓋し無心に此（日記の執筆）を事とせり。

# 八　ハルビン

**四月十二日（陽五月八日）**

午前五時、阿什河（アジホ）駅に抵（至）る。此、本《もと》阿勒楚喀（アルチェカ。女真族の金王朝の発祥地）を名とす。副都統、此に駐する有り。予、盥梳《かんそ》（口洗い梳《くしけず》る）未だ畢《おわ》らざれば、下車せず。外子、「俄の武官を除くの外、見る所無し」と言う。少頃《しょうけい》（しばらくして）、武官数人、登車す、帽を脱ぎ佩刀《はいとう》（腰におびる刀）を解《と》きて予等を熟視、「華人、何を以て一等位に乗るを得る」と深く訝《いぶか》るが若《ごと》し。中の一人、（予）、其の服装制度を観《み》て、日本の中尉に相当するを知る。（彼）、華語を以て外子に「何《いず》こに往くや」と詢《と》う。（外子）、告ぐるに「将《まさ》に森堡（ペテルブルク）に往かんとす」を以てすれば、彼の色（怒りの表情）漸く解く。俄《にわか》に駐輪（停車）せり。外子、是れ哈爾賓（ハルビン）ならんと以為《おもう》矣。此の武官曰く、「此、哈爾賓に非ず、乃ち三家子也」と。三家子、地名なり。『車駅表』に見えず。幸い此の人、之を見て（予に）告ぐるなり。

又た数分（経過せし）時に、哈爾賓に至る。外子、本《もと》より俄人の誇りて「東方の新都」と為す者(76)を一覧せんと欲す。又た（予等）、李蘭舟の弟にして字の緝甫《しゅうほ》なる者、（外子）昔年の森堡（ペテルブルク）の旧友李君佑軒《ゆうけん》とともに、均しく哈爾賓の鉄路公司（大清東省鉄路公司建設総局、東清鉄道会社建設総局）中に在り、藉《か》りて東道主（主人）と為る可きを得、先に已《すで》に函告《かんこく》（書簡を送付して訪問を通知）せり。〔両電（上海より李家鏊が両名宛てに発した電報）、竟《つい》に未だ達さず〕。是の日、二李君、駅（ハルビン駅）に在りて相い候《ま》つ。（予）、欣然として其の寓に造（至）り、緝甫夫人と蕢文卿《かいぶんけい》（蕢小君《かいしょうくん》。東清鉄道会社華人高級職員）の夫人に見《まみ》え、慇懃に歓聚《かんしゅう》（歓談）せり。蕢夫人、且つ己《おのれ》の室を譲りて予を栖《す》ますは、尤も（予を）感（感動）せしむ。異域（異国支配下の地）にて女友に逢《あ》い暢談《ちょうだん》（のびやかに語り合う）するの愉快なる、初意の料《はか》る所に非ず。衣を解きて就寝する、長崎を離るるより今に至る、この夜、第一夜（最初の夜）なり。（予）、（この夜）、哈爾賓（ハルビン）に於いて、はじめて安眠を為すを得たり。

**四月十三日（陽五月九日）**

是より先に、森堡使館《せんぽしかん》（ペテルブルクの中国公使館）、（ハルビンの）東方鉄路公司（東清鉄道会社ハルビン建設総局、大清東省鉄路公司哈爾賓建設総部）への介紹書（紹介状）を（外子に）寄来（送付）するは、専ら予等の為に（ハルビンにての）乗車の便を謀《はか》るためなり。是の日、外子、書

（紹介状）を持ち、李君佑軒と偕《とも》に、往きて鉄路総監工代理（東省鉄路公司総監工ユーゴヴィッチの全権代表）にして哈爾賓の行政権を併せ執《と》る俄人、達尼爾（ダニエル E.DANIEL、漢字名は史料により達聶爾とも表記）と曰う者[77]を訪れる。達尼爾、「介紹書」を一見して「貴客、既に森堡総公司（ペテルブルク本社）より介紹せられて来たるなれば、必ず当《まさ》に力を竭《つく》して周旋（世話）し、旅行の苦を無からしめん、此、我の職（職務）也」と謂う。又た「哈爾賓より乗車する、以て森堡に直達して換乗（乗り換え）を庸（必要と）する無かる可し、当《まさ》に（貴客の）為に一等の者二室、毎室二位（二人用）にして両室間に門（ドア）有り、開く可く、閉じる可き者を備うるべし」と謂う。外子、又た大件（大型の）行嚢《こうのう》（旅行用トランク）運致（輸送）法を詢《と》う。彼言う「此の間（当地）、尚お未だ定例有らず。公司中より先に人に命じて満州里駅に送（届）け至らしめん、次等（二等）の急行に交し（わたし）て代運せしむれば、則ち運賃廉《やす》くして到着も速し。期を計《かぞ》るに二十日なれば、人の到るに遅れる、一週（一週間）に過ぎざるのみ。其の運証（携帯品預かり証）、命ずる所の人李宝材と曰う者〔俄人、華語に通ず〕をして満州里に在りて面呈《めんてい》（お会いして渡す）せしめん」と。彼、又た種々の賃金の数を計覈《けいかく》（算定）せり。外子、「車、固《もとよ》り森堡に直達すべし、但し莫斯科（モスクワ）に下車して一二日の遊覧を作《な》すこと可なるや否や」と詢《と》う。彼、「長途（長距離列車）、已《すで》に貴客の為に専室を備うる、倘《も》し中途にて下車すれば、此の車室、已《すで》に復《ま》た他售する（別人に売る）能《あた》わず、（されば）公司の願う所に非ざるを恐るる云」と。凡そ此、皆李君佑軒、訳を伝え（通訳し）、外子、帰りて（予に）述ぶるは此の如し。

惟《た》だ、是より先に（予等）、「哈爾賓、尚お直行車の莫斯科（モスクワ）に達する無く、貝加爾（バイカル）湖畔に在りて換乗（乗り換え）するを須《ま》つ」と聞く。今（ダニエル）、乃ち「森堡に直達す」と云う、外子、達尼爾（ダニエル）の身、局中に在り、且つ総公司（東清鉄道会社本社）の介紹も有るを以て、（彼の）言う所に必ず誤り無しと思い、遂に森堡使館（ペテルブルクの中国公使館）に「某日、到る可し。蓋し「一車直達」すれば、人の相い迎うる有るを須《ま》たず」と電告（打電）せり。〔本《もと》、「人の莫斯科に在りて相い迎うる有り云」を約（約束）せり〕。且つ「復《ま》た莫斯科に駐遊（滞在して遊覧）するの想いを作《な》さず」とも（電報にて）言えり。電（電文）に法文（フランス語）を用ゆ。蓋し俄例、人の其の境内（国内）に在りて密碼《みつま》（暗号電報）を発するを許さず、今、哈爾賓、即ち此の例を用ゆる也。〔海参崴の中国商務委員にして且つ密碼の電（暗号電）を発するを得ず〕。

午後、蕢、李両夫人と偕《とも》に市街を歩遊（徒歩により遊覧）す。両夫人、予の如く健《しなやか》に歩く能《あた》わずと雖も、已《すで》に内地の風気を除き、歩行を以て快と為す。晩景（夕刻の景色）、蒼茫《そうぼう》（広々と

東清鉄道建設技師長ユーゴヴィッチ（上）とハルビン駅（下）

している）として、極目（見渡す限り）際（果て）無し。所謂「塞外、日落ちて沙《すな》平らか」なる者、親しく之を見る矣。

**四月十四日（陽五月十日）**

外子、同行の諸生を率《ひき》いて新哈爾賓（新市街）に往きて遊び、略《やや》（少しく）俄人の布置（配置）と用心（企図するところ）を見さしむ。新哈爾賓（新市街）、土名、秦家岡《しんかこう》、（朴駅（ボクラニーチナヤ駅）にて購《か》う所の二等切符、其の秦家岡と言う者、即ち此なり）、俄人、名を定めて諾威倮特（ノヴ・ゴロド。新市街の意）、訳して「新城（新市街）」と言う、（車（馬車）を賃するに、俄名を用いるに非ざれば不可、車夫、皆俄人なるに因る）、各国人の目を注ぐ所、以て俄人新定の東方大都と為す也。予等の栖《す》む（宿泊する）所の者、名は旧哈爾賓（旧ハルビン、旧市街、スタール・ハルビン）、土名、香坊《こうぼう》、旧《もと》田姓の者の焼鍋《しょうか》（焼酎製造所）の所在（所在地）を為す。五年前（一八九八年）、俄鉄路公司人（東清鉄道会社建設技師長兼建設総局長ユーゴヴィッチらの一行）、（この地を）占めて（この鉄路の）中心起点と為さんと欲し、乃ち鍋主《かしゅ》を逐《お》いて其の地を有せり。[78] 予と蕢、李夫人の居る所、尚お是の旧址にして、尚おも断垣《だんえん》（とぎれとぎれになった垣根）有り。

焼鍋なる者、満州境上の一大生業也[79]。其の主、必ず資財に富み、人畜を役し、高粱《こうりゃん》を製して酒と為す、称して焼酒（焼酎、白酒）と為す者也。其の酒、但に北方に盛行する所と為るのみならず、且つ江南にも銷售《しょうしょう》（販売）せり。鍋主、既に此の大業を営めば、扼要《やくよう》（要所）毎に垣を築くに、城の如く、隍《ほり》の如くにし、以て外侮《がいぶ》（部外者よりあなどりを受ける）を防ぐ。垣中に亦た街市有り、群、鍋主を奉じて長と為し、儼（あたかも）自治の風気の有るがごとし。垣周の大なる者、二三十里あり。江浙の小県邑を視《み》るに、之に過ぐる有るも及ばざる無し。此（この地）の香坊なる者、其の一也。〔左近（西郊）に尚お一次等（一等と二等）の者有り。聞くに、庚子《こうし》の乱（一九〇〇年の義和団事件）（の際に）、土人（現地の人）、之を毀《こわ》し、官兵、之を毀ちて、鍋主、遂に亡ぶ、と〕。秦家岡なる者、乃ち久しく人迹《じんせき》無きの地、或いは先に秦家の有する所を為す。故に岡、秦を以て名と為す。然れども、（その真偽につきては）考（考証）す可き（史料）は莫《な》き矣。

俄公司（東清鉄道会社）、既に香坊を占めて（東清鉄道の）起点と為すも、初意（当初の考え）、亦た香坊に就《つ》きて都会を経営せんとせり。乃ち続きて岡（秦家岡）の地、爽塏《そうかい》（さわやかで高燥）にして、江（松花江《しょうかこう》、スンガリ）に瀕するも水を患わず、尤も形勢を占むるを見る。是に於いて岡（秦家岡）に都会（新市街）を建つ[80]。今、界内に劃入《かくにゅう》（分割してくり入れる）する者一百三十二方華里、已《すで》に石屋三百所を建つるも、尚お興築《こうちく》已《や》まず、蓋し将《まさ》に以て「東方の彼得堡（ペテルブルク）(81)」と為さんとする也。兵房（兵舎）、已《すで》に四千人を容《い》るる可きも、亦た興築《こうちく》已《や》まず。哈爾賓左近（西郊）、満蒙の正中《せいちゅう》（中心部）を扼《やく》し、松花江の大水に瀕すれば、洵《まこと》に無上の要区を為す。（中国）、既已《きい》（すでに）この地を数百年も荒棄《こうき》（荒れたままにして捨て置く）すれば、則ち俄人の地を度《はか》りて経営する、亦た勢い必ず至る所の事にして、我の土地を強奪するとは謂うを得ざる也。

鉄路公司の人、外子に告げて曰く、「俄人の哈爾賓に在りて地を購《か》う、固《もと》より己《おのれ》の意を以て界を劃し、土宜《どぎ》（土地の良し悪し）を顧みず、己《おのれ》の意を以て価を給し、産主（土地の所有者）（の意向）を問わず。然れども、全く勢力を以て強占し、毫《ごう》（少し）も価を（産主に）給さざるは、則ち未だ有らざる也。之有るは、惟《た》だ満州世職（満族世襲の職官）の恩祥《おんしょう》のみ」と。恩祥、其の世官（世職）の焔（勢威）を恃《たの》みとし、本《もと》より一方を魚肉す（食い物にする）。俄人の此に来たるより、更に一層の気焔《きえん》を加うる。毎《つね》に附近の民地を覇占《はせん》（力ずくで占拠）し、以て俄人に售し、微価を獲《う》るを冀《ねが》う。恩祥、又た其の勢力を傳家甸《ふかてん》(82)に於いて肆《ほしいまま》にし、俄人、之を利用せり。故に土人（現地人）、之を畏《おそ》れ、官宦《かんかん》（官憲）、又た之に媚《こ》ぶ。傳家甸《ふかてん》なる者、昔年には数椽《てん》の野屋あるに過ぎず、近、民居、約万戸。華人の鉄路に謀食する者、夜、此に居る。屯（村）中に

ハルビンのロシア正教総本山聖ニコライ会堂

聖ニコライは旅人を保護すると信じられていたので
東清鉄道会社はそれを守護神とした

て紅鬍子（ホンフーズ、馬賊）[83]の巣窟《そうくつ》とせし所、現《いま》、恩祥の庇護する所と為る。俄人、屯地を将《もっ》て界内に圏入《けんにゅう》し、以て路域（鉄道用地）を拡張せんと欲し、屡《しばしば》華人に向かいて之を言えり。想うに、此の事を実行する、亦た必ず遠からざらん。

聞く、「庚子《こうし》（一九〇〇年）以前、路工（鉄道建設工事）の傭《やと》う所の労働華人、其の直隷産（河北人）なるか、山東産（山東人）なるかを問わず。拳乱（義和団事件）以後、直隷産（河北人）を禁絶して専ら山東産（山東人）を傭《やと》う」と。〔彼、拳（義和団）の斉魯（斉や魯の地、山東）の間に（発）源するを知らず〕。此等の最下・最苦の華工、昼は路（鉄道建設工事）に役し、夜は傅《ふ》家甸《かてん》に宿す。彼の俄工（ロシア人鉄道労働者）、固《もとよ》り板屋を列して路側に居する者也。俄工の汚《お》穢《わい》、亦た華工に亜《おと》らず。然れども、公司（鉄路公司）、毎《つね》に「華工、汚穢《おわい》にして疫気《えきき》（伝染病）を肇易《おこしやす》く、傅家甸《ふかてん》、路（鉄道）を距つる、十里に足らず、伝染に易《やす》し」と言い、嘖《さいな》みて煩言《はんげん》（わずらわしき言辞）有り。其の意、尽《ことごと》く華工を逐《お》うに非ざれば止《や》まず。徒《ただ》傭値（労賃）の廉《やす》くして工事未だ竣《しゅん》（おわる）せざるを以て、已《や》むを得ず逐《お》わざる耳。或いは曰く「我、務《つと》めて我工を清潔にし、藉口《しゃっこう》する所無からしむれば、豈《あに》我工の為に姑《しばら》く一謀生の計（生活の道）を留めざらんや」と。（外子云う）、「俄の意、本《もと》より防疫《ぼうえき》に借りて名と為し、以て外人を拒絶するにあり。初めより真に民の命を愛するに非ず。任《たと》え我、如何《いか》に清潔にするも、彼、必ず詞（口実）

有らん。豈《あに》但に尽《ことごと》く華工を逐《お》うのみならざるを知らざらんか」と。外子の言う所、此の如し。（予）、深く（外子の言の）中《あた》らざるを以て幸と為す。

予等未だ哈爾賓に至らざるの前一日、俄国の令節（祝日）を為す。李君佑軒、是の日、休暇なれば、香坊より車（馬車）に乗り秦家岡《しんかこう》に至る。岡に在る、時久し。道遠く馬疲るるの故を以て、肆《し》（店）に於いて飯をとり、且つ車夫に命じて食に就《つ》かしむ。（此）、毫《ごう》も過誤《かご》（過失）無しと謂う可し。（然るに）、忽《たちま》ち警察（警察署）(84)の役（使用人）有り、車の肆門《しもん》（店の門）に駐するに怒り、車夫を捽《おしおと》して之を殴る。車夫、固《もとよ》り俄人也。辯に預《あずか》る、是れ、雇主の命を奉ずるものならん。李君、亦た声を聞き趨《はし》り出、警役に向かいて俄語（ロシア語）を用いて声説《せいせつ》（反論）せり。詎《なんすれ》ぞ警役、驟《にわか》に殴辱《おうじょく》を李君に加える乎。「奇、極まる」と謂う可し。李君、鉄路公司の高等華員（中国人高級職員）にして且つ俄語に善なり。（然るに）、竟《つい》に一車夫の食に就《つ》くの故を以て、大いに警辱《けいじょく》（警察の下役による侮辱）を受く。事後、（之を）総監工（ユーゴヴィッチ）に訴う。総監工、極力撫慰《ぶい》（慰撫）せしと雖も、警役を一懲するを聞かず。俄の政、固《もとよ》り此の如きは、怪《あや》しむに足らざる也。

同日、阿什河（アジホ）に俄兵有り、一解餉華官《かいしょうかかん》（税を中央（ここでは東北三省の一つ吉林省の省城をいう）に輸送する中国の一官員）の僕（しもべ）を途に刃殺し、併せて二同行人を傷つく〔一は旅店中の人にして、此の華僕《かぼく》を護送する者たり〕。阿什河の華官、正に哈爾賓に来りて此を談じ、外子、李佑軒の座上の者（上司）より（之を）聞く也。俄人の東三省に於いて虐殺・淫掠《いんりゃく》を肆《ほしいまま》にする、（一九〇〇年七月に）海蘭泡（ブラゴヴェシチェンスク）の我が男婦老幼三千余人を一日に殺すを以て最も著称（著名）と為す。(85) 黒竜江沿岸、殺されし者数十数百、枚挙《まいきょ》する可からず。此、将軍（署理黒竜江将軍）寿山《じょうざん》の致す所(86)にして、猶お此を庚子《こうし》（一九〇〇年）の事と曰うべき也。〔華商永和桟、日本商加藤写真店、均しく賄（賄賂）を（ロシア）武官に致すを以て幸免せり〕。辛（辛丑《しんちゅう》一九〇一年）、壬（壬寅《じんいん》一九〇二年）以来、一二の命を殺され、公牘《こうとく》（事件についての公文書）を三（鉄路）交渉局(87)に見る者、百を以て数う。〔三交渉局の注、下（一〇二頁）を見よ〕。公牘を見ざる者、数を知らず。居屋を毀《こわ》す、牲畜《せいちく》（家畜）を掠《かす》むる、種植（農産物）を奪う、に至りては、更に小事矣。此の民間の被害に在りては、始め憤り、憤りて訴う、訴うるも効無ければ、亦た姑《しばら》く忍耐す。忍耐する久しければ、且つ以て人力の（奪い）回《かえ》す能《あた》わざる所と為す矣。即ち華官、民間の被害を確かに知るに在りても、初め亦た憤り、憤りて訴う、訴うるも効なければ、亦た姑《しばら》く忍耐する、忍耐する久しければ、亦た、以て人力の（奪い）回《かえ》す能《あた》わざる所と為す矣。

俄人の我が満州を夷《い》（平穏に）するや、先に拳乱に借りて名と為し、尽《ことごと》く官用の武器を捜括《そうかつ》（捜索してさしださ）せり。更に隠匿《いんとく》を検査するを以て名と為し、兵役を縦《はな》ちて任《ほしいまま》に人家に入り、鉄器を捜括せしむ。甚だしくは、田器（農具）も亦た取り去らるるに至る。俄人の蓄意《ちくい》（かねてよりの考え）、先に（満州の）民間をして盗賊に抵抗する力を無からしむれば、則ち盗賊、自ずと熾《さかん》とならん、而れば彼（俄人）、亦た「武力治盗」を以て名と為し、益《ますます》其の兵力を張るを得る耳。紅鬍子（ホンフーズ、馬賊）、彼（俄人）の利用し保護する所の者也。然れども、亦た縦使して（放ち任せて）民を擾《さわが》すに過ぎず、而して哥薩克（コサック兵）の紅鬍を防範（防備）する、倘《な》お余力を遺《のこ》さず。此れ其れの意、（ハルビンを管轄下におく）吉林将軍長順《ちょうじゅん》(88)之を知るも、如何《いかん》ともする可き無し。

又た一俄医士の言を聞くに曰く「曾て親しく東省（東三省）に至り、医学を以て種族滅絶（絶滅）の原因を考察せんと欲す。嘗て一哥薩克（コサック兵）が刃を持ちて一老幼夫婦四人の者の家に入り、（年）少なる者を攫《つか》みて無礼を肆《ほしいまま》にするを見る。其の三人、首を抱きて哭《こく》す。此の哥薩克、次第に（つぎつぎと）四人を殺して出る。夫れ哥薩克、誠に強暴なり。然れども四人の者、縦《たとえ》器械無しといえども、豈竟《あについ》に口、此の兵を噛む能《あた》わずとして黙然と死を待つ乎。此（より）、医学を以て考察するを必《ま》たずして其の必ず滅ぶを知る云々」と。予、笑いて謂う

「此、面（顔）に唾《つば》さるも自ら乾《かわ》かすの盛徳を謂う乎」と。（これ）、専ら克己し競う無きを以て学派を為す者ならん。其の効、乃ち種を滅すを召（招）くのみ。駭《おどろきおそ》る可し。

達尼爾（ダニエル）なる者、茹古維志（ユーゴヴィッチ）に代わりて鉄路総監工と為る者也（正しくはダニエルは「鉄路総監工」とはなっていない。彼は「総監工」の「全権代理人」としてユーゴヴィッチより委託された業務のみを代行（代辦）していた）。然れども名は鉄路監工（正しくは「鉄路総監工代理」）を為すも、実は哈爾賓地方に於いて立法、行政、司法の三大権を操《と》る者也。三大権を一手に操《と》る、今の世界列国君王にして且つ之無し。而《しか》るに達（ダニエル）、之を得る。幸福なるや否耶。

奉、吉、黒三省、各《おのおの》一交渉局を哈（ハルビン）に設け、例として候補道府（候補道か候補府）を（その総辦に任じ）、以て之を司《つかさど》らしむ(89)。聞く、「黒局（黒龍江省鉄路交渉総局）、最も賢を為す」と。此の三局の住屋と員薪（職員の給与）、均しく俄人（東清鉄道会社）より供支せり(90)。華員、俄人の差使（官職）を増すに感ずる也。其の俄を視《み》て主と為し、本省（「華員」の属する東三省のいずれかの省）を視て客（他地）と為すや、（これ）固《もとよ》り宜《むべ》（当然）ならん。局員、惟《た》だ俄《が》歓《かん》（ロシア当局の信頼）を失うを恐れ、達尼爾（ダニエル）の鼻息を仰ぎて「惟《た》だ謹まざる」を恐る。局に献案（呈する事案）あれば、達（ダニエル）の諾（承諾）するに非ざれば敢えて判（判決）せず、且つ達（ダニエル）の諾するに非ざれば敢えて訊（審問）せざる也。工役（鉄道労働者に関する）交渉案、必ず示（指示）を達（ダニエル）に請い、即ち傅家甸《ふかてん》の一賭博案、亦た必ず示を達（ダニエル）に請う也。吉局員（吉林省鉄路交渉総局員）にして且つ俄人に薪水（給与）を優給し住屋を寛給するを求むる者も有る矣。李君佑軒云う、「去年、疫（疫病）盛んなりし時、俄人、其の徳を行うを好み、茶と糖を華人に散給（分給）す。而して其の事を交渉局員に委ぬるに、局員、其の茶を散（分配）するも、其の糖を匿《かく》す。俄人、之を知り、先に頗る訝《いぶか》るも、後に中国官場《かんじょう》（官僚の世界）の常態を為すを知り、遂に語らず」と。

三局、「江沿」附近（ハルビンの埠頭地区、プリスタン）に設けらる。「江沿」なる者、松花江岸に沿い、秦家岡と距つること三数里、今、市廛《してん》（商店）の集まる処（商業地区）なり。俄の警察局、暫く此に設く。外子、車に乗りて往き、局員（交渉総局員）に答（礼）せり。（その際に、外子）、謂う所の轅門《えんもん》（ながえ門）なる者、大堂なる者、種々中国の衙署（官庁）に肖《あやか》るを見る。大門の傍《かたわら》に一鼓《つづみ》、一梆（拍子木）有り、又た、四つの旧鉄刀も有り、棚には荷校者《かこうしゃ》（首枷《くびかせ》をはめさせられている者）三数人を系《つな》ぐ。車夫、華語を用いて此の荷校人を毒詈《どくり》（口汚くののしる）、極村の（極めて下品な）辱語を作《な》す。一中国の所謂「二爺」（「爺」は官憲に対する敬称。「二爺」は中国の正規の官とは見なされない「不正規の官」の意、ここでは交渉局員を指している）なる者出て、笑靨《しょうよう》（笑顔）にて車夫に向かい、目を怒らせて荷囚《かしゅう》（首枷をはめられた囚人）を視《み》る。種々の媚《び》を車夫に献ずる、真に局（交渉総局）中の人たるを愧《は》じざる矣。

庚子《こうし》の乱（一九〇〇年の義和団事件）中、黒竜江（黒竜江省）に協領（清朝駐防八旗の武職官員。位は副都統の下、佐領の上）にして慶益斎《けいえきさい》と曰う者有り。（其の名は知らず）。（慶協領）、兵一大枝（大隊）を統《す》べ、松花江北岸に在りて江沿に向かい炮（砲）四五十を発して出んとす（進撃せんとす）。時に哈爾賓に俄兵無し。総監工（ユーゴヴィッチ）、之を厭《いと》う。乃ち工人二十を聚《あつ》め、小舟一隻に駕《の》せ、江を渡り喇叭（ラッパ）を吹かせ、以て之を恐れさす。協領、果たして喇叭（ラッパの音）を聞き、兵を率《ひき》いて狂遁《きょうとん》（逃亡）す。遺《のこ》す所の物品、少なからず。李君佑軒等、正に（その時）糖、茶、燭の乏しきに苦しむ。意《おもわ》ざりき、協領の遺《のこ》す所少なからざれば、遂に取りて帰り用に供せり。

連日、蕢《かい》、李二家、精饌（選り抜きの飲食物）を以て予等に餉（供）す。南方の食品多し。詢《と》うて「哈地（ハルビン）固《もとよ》り有るは無し、即ち（たとえ）奉天、吉林両省城に在りても、亦た售する（売る）は稀なる者」なるを知る。幸い鉄路（東清鉄道南支線）通じ、旅順又た現今、税（関税）無し[91]、故に運び致す、難ならざるによる耳。哈地、薪に乏し。燃やす所の薪、多くは北の黒竜江（黒竜江省）より水運により来、間或《まま》いは、東の寧古塔（ニングタ）より陸運にて来る。凡そ公司（東省鉄路公司、東清鉄道会社）中に在る人、皆公司（より）、燃（燃料）を供さる。然らざれば、則ち一家の需する所、歳に四五百金に非ざれば不可。誠に巨額なり。又た蔬類（野菜類）に乏し。一金（銀一両）の値、菠菜《はさい》（ほうれん草）六斤を得る可し。他は類推する可し。南人（華中・華南各省の人）一二有り、地を賃（借）りて菜を種し、頗る利を獲る。惜しむらくは達尼爾（ダニエル）に向かいて地を賃（借）るれば、価、奇昂（異常に高騰）する耳。稍《やや》廉なる者、地必ず遠く、運び至る、易《やす》からず、獲利又た減ず。予、思うに、此の一帯、本《もと》空曠無人（の地）なり。今、忽《たちま》ち十余万人を此に聚《あつ》む。(92) 毎日の食糧、即ち少なからず。倘《も》し鉄路阻まるる有れば、幾《ほとん》ど飢え困《くるし》まざらんや。「危地に非ず」と謂う可らざる也。

去秋、遼東豊収に非ざれば、交渉局員、（官より）上海の白米を（東三省に）運び、平糶《へいちょう》（安く売る）する議を創し為す。義声、一時を震わせり。平糶なる者、貧民に利するためになす也。試みに、此間（この地）の貧民、白米を食すと思う乎。抑《はたまた》白米を食さずと思う乎。白米、即ち平糶すれば、其の価、雑糧より廉きこと能《あた》うる乎。然らざれば、則ち此の平糶の白米、「翎頂輝煌《しょうちょうきこう》」（官帽などに官位の高さを示す飾りや徽章をつけた）の官幕（高官やその幕僚）に利するのみにして貧民に利するに非ざる也。然れば、局員、予《あらかじ》め己《おのれ》の為に謀《はか》るかと謂えば、則ち又た尽《ことごと》くは然らず。之を総するに、実際より着想せざる耳。

哈地の稍《やや》局面（名誉や体面）を有する華商、僅かに華昌泰《かしょうたい》一家(93)のみ。予、蕢、李夫人と偕《とも》に往きて旅行用品を購《か》えり。售する所を見れば、乃ち日本品多きを為す。俄人、深く日本の商工（商業と工業）を嫉《ねた》み、百計以て之を禁遏《きんあつ》せんとするを怪《あや》しまざるなり。

哈地（ハルビン）、尽《ことごと》く俄の不換紙幣を用ゆ。〔大率《おおむね》一盧（ルーブル）一枚の者なり〕。貿易（売買）、大小無く、皆盧布（ルーブル）を以て計る(94)。旧日有る所の制銭及び吉林自造の銀元、僅かに一葱《そう》（ねぎ）、一菜との交換を為す可きのみ。彼の芬蘭（フィンランド）、波蘭（ポーランド）、亡ぼされ俄に入りて且つ百年になるも(95)、民間、尚お格勒暦（グレゴリー暦）を用い、旧幣を用ゆ。而《しか》るに哈地、（ロシアに統治されて）五年ならず(96)して、已《すで》に旧慣を忘れ、競いて「俄好」（ロシアに逆らわない骨無し）に投ぜり。（此）、果たして種性・血統の不同の故による乎、抑《はたまた》教育久しくして忘るるの故による乎。

是より先、十日の夕、鄔君、朴駅（ボクラニーチナヤ駅）に在りて一電（電報）を発して李緝《りしゅう》甫《ほ》に致す。今、四日になる（四日経過する）も、尚お到らず。緝甫曰く、「先日、曾て阿兄（兄李蘭舟）の海参崴よりの来電有るも、久しく到らず。局中（ハルビン電報局）に向かいて走り詢《と》うに、局員、案（机）側の塵土中の百十紙を指して曰く、「安《いずくん》ぞ必ず君の電無からんや。蓋し自ら之を検《しら》べよ」と。検ぶるに、果たして得る。其の何を以て見て送《とどけ》ざるを詢《と》うに、彼曰く、「誰が君の為に配送の職に任ぜん乎」と。想うに朴駅の電（鄔君発信の電）、亦た此の塵土中に有るならん」と。（予）、（之を聞きて）一笑せり。

昨日、途《みち》にて達尼爾（ダニエル）に遇し、その家を訪れるべく邀《よう》（招請）される。（予等）、之を辞（辞退）せり。彼、又た李君佑軒に浼《ばい》（依頼）し来らせて邀《むか》（迎）えしむ。今日、即ち李君に伝訳（通訳）を頼み、其の夫婦を往訪（訪問）せり。（ダニエル夫婦と）相い見《まみ》え、（彼らの）待客の慇懃、日本人より一層の親切を加うるを覚ゆる。且つ自ら器機を出して写真を撮《と》り、（予等に後日）贈るを訂（約束）せり。〔此の贈を訂せし者、今に至るも獲《え》ず〕。外子云う、「此、小節（ささいなこと）と雖も、亦た俄人外交の一手腕を見る可し(97)」と。

**四月十五日（陽五月十一日）**

昨来の大雨により道濘《ぬか》り、事々に艱《くる》しめられ、阻まる。正午、一行九人、香坊より発す。李佑軒、李緝甫、蕡少君、皆遠く秦家岡より（来たりて）送る。此（ハルビン駅）、第一等の大駅なり。故に局面（規模）小さからず。然れども、板屋黒暗にして、土石も堆積せり。蓋し工程、甫半《ようや》ば（に至る）ならん。惟《た》だ食堂のみ、已《すで》に粗《ほぼ》具わる。駅中に亦た万国通例の赤帽役（ポーター）有り。客の為に小手荷物を送る（運ぶ）。然れども僅かに一等客のみ送り、二等客は送らず。華客、向《さき》に皆三等位、〔西人、惟《た》だ労働苦役の者のみ三等なり〕、二等位の者有るかを問えば、則ち「某車を指定し、以て之を区別せり、他の二等室に入るを許さず」（という）。其の（中国に対する）「優待」、此の如し。

李君佑軒、切符を代購するに奔走す。車の行く（発車時刻）と距つる、十余分鐘（十余分）に過ぎざるに（なるも）、切符、得る可からず。乃ち先に予等を導きて登車（乗車）させ、徐《おもむろ》に切符の来たるを俟《ま》つ。比《ころおい》登車すれば、則ち達尼爾（ダニエル）の允《ゆる》す所の「一等位四人一室」なる者、有るは無き也。（有るは）、乃ち「二等位」四人一室」の者也。謂う所の「一車にて森堡（ペテルブルク）に直達する」なる者は然らざる也。且つ「莫斯科（モスクワ）に直達」するに非らず、乃ち僅かに満州里に達する者也。倉猝《そうそつ》（発車直前のあわただしい）の間、追辨に与る（約束違反を追究する）暇《いとま》無し。〔達（ダニエル）、亦た面（顔を出）さず〕。最も困難を感ぜし者、二事（有り）。一、已《すで》に達尼爾の言を信じ、森堡使館（ペテルブルクの中国公使館）に電するに到着の期を以てし、且つ「森堡に直達すれば、人の迎うるを須《ま》つ無し」と言いしことなり。〔使館、本《もと》より、人、莫斯科（モスクワ）に在りて相い迎うる有るを約す〕。今、事々に変更せり。

俄例（ロシアの規則）、又た碼電（暗号電）を発するを許さず、外子、又た西文（欧文）に通じざれば、何の由《よし》を将《もっ》て使館に改告するや。一は已《すで》に達尼爾の言を信じて車費（列車のキップ代）及び食費を備えしことなり。今、事々に変更すれば、必ず用に敷《し》かず、嚢中（財布の中）裕《ゆたか》ならず。而《しか》も僅々数分の時間なれば、安《いずくん》ぞ金を得る所有らんや。幸い李緝甫、急ぎて百余盧布（ルーブル）を出し、李佑軒、亦た数十盧布（ルーブル）を出して相い借（貸）す。又（李緝甫と李佑軒）、再び（更に）達尼爾（ダニエル）に属《しょく》し、行嚢《こうのう》（旅行用トランク）を送《とどく》るに充（当）つる李宝材なる者に加電（打電）、其れに命じ（行嚢を）続送して伊爾庫次克（イルクーツク）に至らしめ、（予等の）換車（列車の乗り継ぎ）をも照料（世話）せしむるを允《ゆる》させり。語、初めて畢《おわ》るや、一洋人（ロシア人）、急ぎて切符九枚を送《とどけ》に来る。汽笛一声、遂に行く（発車せり）。行く後、給する所の盧布（ルーブル）を将《もっ》て賃価と覈算《かくさん》（照合）するに、計るに十五盧布（ルーブル）を繳《きょう》（かえ）すを欠く。彼の人、機に乗じて矇混《ぼうこん》（ごまか）せり。是、（ロシア人の）社会慣性にして、怪《あや》しむに足る無し。即ち達尼爾の言う所の不実（虚偽）、亦た其の社会慣性にして、怪しむに足る無し。得る所の総公司介紹の函（東清鉄道本社の紹介状）、その利益、此の如し。不過（しかし）、予、初めて東方より来る、一誠一欺（一国は誠心誠意、一国は虚偽と欺瞞）、相形（相あらわるるに直面して）、頓《にわか》に異なるを嘆くを免れざる耳。

達尼爾、又た「（列車）午後一時に正しく発車すれば、稍《やや》も誤《おくる》ること勿《なか》れ」と切実（懇切）に言えり。其の実、（列車）、一時三十分、方《ようやく》行く（発車せり）。（列車）、駛《はせ》て松花江の橋（鉄橋）を過ぐ。此、満州路上第一等の橋を為す。（車窓より）（松花江上に）汽船三数、煙を噴きあげ浪を激《う》つを望見す。松花江に（ロシア）船（汽船）の（航）行するを准《ゆる》さざるは、同（同治）、光（光緒）以来、中俄（中国・ロシア間）の一大問題なりき(98)。一水の航、昔（以前）は断（固）として以て争う。（然るに）万里の域、今は慨《なげ》きて以て（ロシアに）贈る。安《なんすれ》ぞ他人をして哂《しん》（笑わ）せざるを得ん乎。

此の車に食堂有り。便利を得る。餐四品、価一盧（ルーブル）二十五戈（コペイカ）。餐後、窓に憑《よ》りて遠望すれば、此の著名なる松花江と嫩江《のんこう》間の流域、千里の膏腴《こうゆ》（肥沃の地）なり。然るに夕陽、暉《き》（陽光）を送るも、極目（見渡す限り）、人無し。（松花江西岸の地は多年モンゴル人の遊牧地とされ）、耕牧の大利、（中国）久しく放棄せり。一二十年後、必ず此の大利を享《う》くる者有らん。但し何種（どの人種、どの民族）の人なるやを知らざる耳。浙人周君少逸（黒竜江省鉄路交渉総局総辦として当時ハルビンに駐在していた湖南候補道周冕《しゅうべん》(99)）、久しく黒省（黒竜江省）に滞す。近、広く（人を）招き、此の千里の膏腴《こうゆ》（肥沃の地）を開墾せんとせり。其の識（見識）、遠大なり。惟《た》だ我の疆土を占むる客（外国、ロシアの意）、我が民の此の利を享有するを容《ゆる》す能《あた》うるや否やは知らざるなり。

松花江鉄橋（上）と結氷した松花江（下）

# 九　黒竜江省西部から大興安嶺、呼倫貝爾を経て満州里へ

**四月十六日（陽五月十二日）**

未明、斉斉哈爾（チチハル）(100)に過（至）る。駐停（停車）最も久し。惜しむらくは、未だ起きて観《み》ず。然れども俄例、停車場、必ず市都を距つる十五里なれば、必ず見る所無し。午前六時半、碾子山駅に過（至）り、漸々山を見る。山坡（山の斜面）の野桃、花を着く。五日前に磨刀石・横道河子一帯に在りて（野山や人家が）氷雪に埋没《まいぼつ》せしを回憶し、気候の相い殊（異）なる、数月をも隔つるが如し（を知る）。七時半、成吉思汗（チンギス＝ハン）駅に至る。或いは、是、汗（ハン）の生長地なり、と謂うも、確かなるや否やを知らず。昔（以前）、成吉思汗の籬《り》巴《ば》（まがき）なる者有ると聞くも、今、已《すで》に有る無し。其れ、即ち奉天（盛京省）（を取り囲む）柳辺（柳條辺牆《りゅうじょうへんしょう》）(101)の類なる乎。路左、山岡に倚《よ》り、右、河流を傍とす。〔水、嫩江《のんこう》に入る〕。野屋三四軒、諦視《ていし》（つまびらかにみる）すれば、均しく俄の工人の棲《す》む所にして、一土人（一人

の現地人。モンゴル人をいう）をも見ず。奇なる哉、渥温《あくおん》（手厚い恩恵を受けたモンゴル族高官）の苗裔《びょうえい》（後裔）、式微《しきび》（衰退）・堕落し、耕牧の旧地、昔日臣服せし者（ロシア人）の蹂躙《じゅうりん》する所と為るを致すは、読史（歴史を学ぶ者）の浩嘆《こうたん》（大いなる嘆き）を起こさざる能《あた》わん乎。

八時半、札蘭屯（ジャランソン）駅に抵（至）る。下車して散歩す。俄産の黒麵包（黒パン）を購《か》いて之を嘗（賞味）するに、果たして（白パンとは）別の風味有り。凡そ満州路（満州鉄道、満州線）の停車場、諸事草創と雖も、食物を售《しょう》する処、必ず先に備う。車場（駅）の左右、或いは板屋を架《か》けて物を售する者、皆俄人也。我が華人、僅かに少数、筐《きょう》（はこ）を負いて粗糲《それい》（粗末な食物）を「叫売《きょうばい》」（呼び売り）するのみ。然れども、又た往々阻まれ、乗客に向かいて近づけず。華客、頗る（華人に）嚮《きょう》（ちかづき）して買うを願う。然れども飛び越えて下車するを必《ま》ち、乃ち（そうしてはじめて）克《よ》く交易（売買）す。如何《いかん》せん、停車の久しきか暫しか、諳《あん》悉《しっ》（よく知る）する所に非ず。買う者、既に回車（列車に戻る）の逮《およ》ばざるを恐れ、売る者、又た售価（代金）の取るに及ばざるを恐る。是に於いて逡巡《しゅんじゅん》（ためらう）して互いに失する者、比々（いずれにも）皆是（有る）なり。路上に設くる所に至りては、何ぞ嘗て華人、朝鮮人、有らざらん。然れども尽《ことごと》く是、極労・極賤の役（人夫）にして、稍《やや》其の上に居る者、有る無き也。此の駅に一軌機《あっき》を捩《れい》する（ねじる）華人、域外に僅かに見る有り。詢《と》うて寧波産（寧波人）

なるを知る。博都河駅に在りて一鶏子（にわとり）を售する吉林人（吉林出身の華人）に遇す。詢《と》うて「工役上（鉄道工事の労働者）、山東人多し、吉林、奉天人（両者とも満人ではなく華人）の如きは、則ち千里（行くと雖も）遇するは罕《まれ》」なるを知る。十一時、巴里木（バリム）に抵（至）る。〔土人（現地の人）呼びてラマ山と為す〕。成吉思汗駅より此に至る、山有れど険しからず、水有れど汚《お》ならず、樹木有れど窩集《わしゅう》（森林）を為さず。真に膏腴《こうゆ》の地なり。惜しむらくは、未だ人の耕牧する有らざる耳。

午後三時五十分、著名な大興安嶺《だいこうあんれい》（スタノヴォイ山脈）に抵（至）る。山勢、陡峻《とうしゅん》（けわしくそばたつ）。坡《は》（傾斜地、坂）に上がる昂度《こうど》（勾配）、千分の十五を逾《こ》ゆ。険坡《けんは》に非ずと謂うを得ず。高原に在りては、已《すで》に海面を抜くこと（海抜）二千二百英尺（フィート）なり、漸く登り、漸く高し。山頂に至れば、則ち海抜三千六百尺なり。所謂興安駅なる者、正に山頂に在り。華式の廟《びょう》有り。中に女神を祀《まつ》る、と聞く。列車、坡《は》を上がる時、首尾（前後）に各《おのおの》一機関車を用ゆる。或いは推し、或いは挽《ひ》く。曲折する六七（度）にして、乃ち達す。工役、忙々たり。聞く、隧道、已《すで》に穿通《せんつう》せり、凡そ千四百十五薩仁（サージェン）なり、但し、隧中の修治、未だ畢《おわ》らず、秋冬、方《はじめて》通車（開通）する可し、と。

夜半十一時、海拉爾（ハイラル。内モンゴルの草原地帯の都市、フルンバイル地方の中心地）に抵（至）る。下車して散歩せり。月明、昼の如く、寒気、人に逼《せま》る。綿を重ぬるも、猶お凛々《りんりん》たり。海拉爾、呼倫貝爾（フルンバイル）城の南〔亦た約十五俄里〕に在り。城、山西人（山西商人）聚《あつま》りて（モンゴル人らと）市（交易）する所を為す、副都統、此に駐する有り。海拉爾を過ぐれば、著名なる大湖の沮洳《そじょ》（低くて水にしたりやすい地）、低地を為す。月下に経過して遠望すれば、則ち水影蒼茫《すいえいそうぼう》（水面が広々している）、渺々《びょうびょう》（広大）にして辺際《へんさい》（かぎり）無し。近づきて看れば、則ち植木、水中にあり。板を支えて橋の如くにし、軌（線路）、其の上に敷《し》けば、断続、一ならず。車（列車）、其の上を行けば、（速度の）緩《かん》（ゆるやか）なる、人の曳《ひ》くが如し。而《しか》も軌力猶お格支《かくし》（支える）に勝（堪）えざるがごとし。（車）、益《ますます》呼倫淖爾（フルンドゥール）〔即ち達頼〕、貝爾淖爾（ブルイドゥール）の間に近づく。両淖爾（ドゥール）の水の溢《あふ》るる、数百里。春夏に患を為す、歳に恒例と成る云。又た聞く、此の一帯、水中、種々の動物を生かさず、格致家（科学者）、方《まさに》推求を事とするも、未だ其の理を明らかにせず、と。

同車に俄人夫婦有り、均しく華語に善なり。蓋し漢口俄領事館の書記生、妻を挈《ひきつ》れて假帰（休暇帰国）する也。同行四学生、其れと鄂《がく》（湖北省）に在りて相い識《し》る。故に介紹（紹介）して来談、互いに訪れて親しむこと切なり。然れども俄交（ロシア人との交際）、大略見る可きなれば、（予）深く談ずるに与《あずか》らず。又た比国人（ベルギー人）有り、乃ち盧漢鉄路《ろかんてつろ》（当時建設工事が進められていた盧溝橋・漢口間の鉄道）の技師なり。華語に善、路工（鉄道建設工事）に老（熟達し）、多く華情（中国事情）を識《し》れば、外子、談に与る、頗る頻なり。

## 四月十七日（陽五月十三日）

午前八時余、満州里《まんしゅうり》（マンチュウリ）[102]駅に抵（至）る。界線（国境線）を距つる、尚お十八里有りと雖も、已《すで》に満州鉄路（満州鉄道、満州線）の終点を為す。予等購《か》う所の切符、此の駅に至りて已《すで》に終わる。須《すべか》らく続購すべき矣。外子、比国人（ベルギー人）と偕《とも》に電局（電報局）に往きて電（電報）を発し、森堡使館（ペテルブルクの中国公使館）に告げて謂う、「車、直達に非ざれば、倘《な》お人の莫斯科（モスクワ）に在りて相い迎うるを須《ま》つ」と。彼の局中、外国人を見るを悪《にく》む。比人（ベルギー人）を睨《にら》む、良《まこと》に久し。（且つ）責むるに脱帽せざるを以てす。比人、已《や》むを得ず、脱帽して礼を致すや、彼、始めて一紙を擲出《てきしゅつ》（投げつける）して電文を書かしむ。書く所の者、法国語（フランス語）なり。局員、（之を）解せず、諦視《ていし》する（詳しくみる）、良《まこと》に久しく、之を傍《かたわら》の一人に質《ただ》す。又た諦視《ていし》する、良《まこと》に久しく、始めて価を覈《かく》す（詳しく算定する）。計るに十余字の電を発するに、時間五十分をも費やせり、と云う。

# 巻下

# 一〇　満州里よりヤブロノヴィ山脈を越えてバイカル湖へ

**四月十七日（陽五月十三日）**

今日、別に切符を購《か》い、国境西線(103)より後貝加爾（ザバイカル）線(104)に入る矣。午（正午）に発車する。列国（間）の通商に在りては、各（鉄路）公司の各線、互いに相い抵算（換算）するの契約有り。故に幾つの線を越ゆるを論ずる無く、其の切符、同時に併購して乗車するか或いは随時更換する可し。従いて切符を重購（再度購入）して必ずしも換車（乗換）せざる者、未だ有らず。此の満州里駅、乃ち（切符を）重購するも換車せず、（此）、亦た俄国公司の特色なり。此の車（列車）、駛《はせ》て貝加爾（バイカル）湖畔に至り、方《ようやく》止まる、と聞く。（然からば）後貝加爾（ザバイカル）線は、国境西線とともに、均しく已《すで》に満州公司の車（列車）を通用する耶。

是より先に満駅（満州里駅）に駐車（停車）するや、（ロシアの）税官（税関の徴税官(105)）の登車

(乗車)有り。(彼)、外子に「某君なりや否や」と問う。外子、「是(そうです)」と答うるに、彼、「「随帯行嚢《ずいたいこうのう》」(携帯の旅行用トランク)、已《すで》に電(当局の電報による指示)を奉じて「放行」(当税関での検査を免除)せり」と言い、遂(ただち)に件を逐《お》うて(各「随帯行嚢」ごとに)一封識《いちふうしき》(一枚の「開封厳禁」と明記した証明書類)を加え(添付し)て去る。比国人(ベルギー人)、外子に(徴税官の言葉と「随帯行嚢」に添付された書類の文意を訳して)伝え、「哈爾賓に在る時に当たり、此の関の厳を聞けば、(今回の貴殿一行に対する税関の扱いは)不可思議なり。旅順の華商、新たに俄より帰る有り、此の関を過ぐる時、一極小の寒暖計を有すれば、亦た取り去ら(没収さ)れる。一俄武官、方《はじめて》北京より物を掠《かす》めて帰国せんとするに、(此の)関上において(係官に)珍品の筐《きょう》(はこ)に満つるを見られ、(且つ)日本製と疑われて将《まさ》に取り去ら(没収さ)れんとす。此の華商、代わりに(それらの)中国製なるを認め、乃ち放行されり[106]」と語る。又た、昔年の湖北自強学堂の俄文教習波里君(外子、昔(以前)、延訂(招聘)する所(の人))、哈(ハルビン)に於いて遇せし(時に)言を為せり、「満駅(満州里駅)の関例(ロシアの税関規則)、専ら日本製を捜索するを事とす。纖毫《せんごう》(極く小さな物)と雖も必ず収没(没収)せり云」と。今、此の関の厳を見るに、果たして海参崴(ウラジオストク)に異なる無し。予等、日本より来る、豈《あに》一二品の日本製無からんや。今「放行」(税関検査免除)を得るは、彼の政府の電託(電報による指示)を得るに非ざれば此を得ず。然りと雖も、俄例、事の賄《わいろ》を以て通す可からざる無きは、久しく各国の認許を蒙《こうむ》る者矣。

切符の価、先に坐席（坐席指定料）〔一等位若干の如し〕を納め、再び（次に）急行（急行料金）を納む。再び（更に）寝台（寝台車使用料金）をも納むる。夫れ坐席の外に再び（更に）寝台を加う、猶お言う可き也。坐する者必ずしも寝《やすむ》と定めざるが為也。然れども、長行（長距離旅行）、已《すで》に断じて寝《やすま》ざるの理無き矣。急行の加の若《ごと》きも、真に不可解なり。豈《あに》此の一車を同じくして、急行価を納むる（者）と急行価を納めざる（者）、其の到着、同じならざる乎。此次（今回）、予等、一庶務長（列車の事務長、パーサー）に托して切符を代購せしむ。〔此の庶務長の職、日本の列車には無き所なり。英（イギリス）、法（フランス）、徳（ドイツ）等国、車行、極遠なるも一二日に過ぎざれば、亦た未だ必ずしも此有らず。美州（アメリカ）の長鉄道（大陸横断鉄道）、此の職を有するや否やを知らず〕。車行後（庶務長より）繳納《きょうのう》（受け取る）せし余資（つり銭）、外子、百余盧（ルーブル）差（不足する）と謂う。然れども、語言通じざれば、詢問《じゅんもん》（問いただす）に従う無し。姑《しばらく》して比国人に向かいて談及するに、比人、代りて詢《と》うを允《ゆる》せり。五六時間を経て、彼（庶務長）、差する（不足する）所の百余盧（ルーブル）を繳回《きょうかい》（返還）す。此の老年の人、哈駅（ハルビン駅）の十五盧（ルーブル）、有心蒙混《ゆうしんぼうこん》（故意に欺く）に比す（くらぶる）可きに非ず、蓋し俄人の算術、本《もと》より拙《つたな》し。又た各種の賃価、分合して紛糾《ふんきゅう》、更に他客の賃価とも牽渉《けんしょう》して誤りを致す耳。

外子の云うを聞くに、「昔年、欧西各国（欧州各国）の郊外を馳駆《ちく》（馬車で走りかけさ）す。凡そ一国境を越ゆれば、則ち風尚《ふうしょう》（気風）と景物、頓然《とんぜん》（にわかに）改易《かいえき》（かわる）せり。即ち比（ベルギー）と法（フランス）、種族（人種）同じ、語言も同じなれど、風尚と景物、倘《な》お相い同じならざるは何（の故）なるや。既已《きい》（すでに）各《おのおの》自ら国を成せば、即ち各《おのおの》其の政と其の教の区民を不同に有するの（ゆえ）也」と。乃ち予、今日、満境（満州）を出て俄境（ロシア）に入るも、謂う所の不同を見ざる也。車駅の官吏、車の員役《いんやく》（乗務員）の服装、人種、同じならざるは無き也。教堂（教会）の尖巓《せんてん》（先端のとがった塔）、〔俄例、村落毎に必ず数教堂有り、堂、必ず尖巓有り、金銀色燦爛《さんらん》（光輝き）して目を耀《うば》う〕、水塔の高峙《こうじ》（高く対峙する）〔俄例、車駅（鉄道の駅）毎に必ず塔を建てて水を儲《たくわ》う。蓋し沙漠、水に乏しく、冬令（冬季）水氷となれば、皆先に備うるを宜《よ》しとす〕も不同は無き也。微《かすか》に同じならざる所の者、満境上の十里を超えざる毎に、必ず屋（鉄道守備兵の哨所）を建てて哥薩克兵（コサック兵）を駐さしめ、車（列車）の経過せんとすれば、則ち二三人を出して銃を負いて車（列車）に向かいて立たしむることのみ也。（此）、何の意なるやを知らず。夜行き灯光の疏落《しょらく》（まばら）にして星の如きを望めば、皆、兵房也。而《しか》れども、一たび俄境に入れば、此の兵、遂に少なし。蓋し其れ、不同を信ずるを疑わしむる也。中国の婦女、一室に閉籠《へいろう》（とじこもり）、本《もと》より国有るを知らず。予、日本より来、彼の婦女、毎《つね》に国民を以て自任、且つ以て国本（国家の基礎）の鞏固《きょうこ》（強くて確固としていること）、尤も婦女に関《かかわ》ると為すを習聞せり。予、亦た勃然《ぼつぜん》（にわかに）と愛国心を発するを禁じず。故に国界（国境）を経越《けいえつ》（経過）するに於いて、慨《がい》（感慨）に勝《た》えず之を言えり。

**四月十八日（陽五月十四日）**

午前四時、契丹司基（カルィムスカヤ）駅に抵（至）る。此、国境西線と後貝加爾（ザバイカル）線の分岐駅を為す。後貝加爾線、又た東北（に進みて）斯特列田斯克（ストレーテンスク）に至りて止《と》まる。此の駅（カルィムスカヤ）、駐車（停車）三十分時。凡そ駅にして岐路《きろ》（分岐する鉄道）の有る者、駐車（停車）稍《やや》久し。日本の記載を考す（しらべ）るに、毎《つね》に分岐駅の名、開伊多羅（カイダロボ）なりと謂う。今、此の契丹（カルィムスカヤ）駅、其れ即ち開（カイダロボ）駅の改名なるか、抑《はたまた》別の一地なる乎、知る可からざる矣。之を総ずるに、俄術（ロシアの策略）、人の耳目を淆《みだ》すに在る耳。

又た百七俄里にして赤塔（チタ）に至る。此、後貝加爾省（ザバイカル州）の著名なる市（州都）を為す。屋宇整斉、復た満州路（満州鉄道）上の草創の景象に非ず。聞く、「この地に巨商有り、造醸（醸造）を以て富を致す。本波蘭《もと》（ポーランド）志士にして追放されし者、万辛《ばんしん》を歴して（艱難辛苦をなめ尽くして）自ら生計を営み、頗る衆心（民心）を得る。昔（以前）にありては富を致すと雖も、尚お種々の苛例を被《こう》むる。近今、俄、西伯利（シベリア）に於いて漸々域内を視同《しどう》（同一視）し、怨みを含む者の是の地に叢《そう》（あつまる）するを欲さず。故に追放数年なる者は（追放）一年に減じ、向《さき》に追放せし所の者を待するにも、亦た寛（寛大）にすること一層なり云、」と。残月、林に挂《かか》り、遠山、雪を戴《いただ》く、窓に憑《よ》り窺望《きぼう》（うかがいみる）し、彼の波蘭（ポーランド）の遺黎《いれい》（亡国の民）を哀れむ。

此の一帯の雅布魯諾（ヤブロノヴィ）山脈、西伯利（シベリア）鉄道（シベリア線）の抜海（海抜）最高処を為す。（この地の海抜）、凡そ三千五百英尺（フィート）、興安嶺より僅かに減じて低きこと百尺なり。然れども興安（嶺）の昇降、陡《とう》（険しくそばだつ）なれば、隧（トンネル）を穿《うが》つに非ざれば可ならず。雅魯（ヤブロノヴィ山脈）は迤邐《いり》（ななめにつらなりて）上下すれば、坡（坂）に沿うて行く可し。然りと雖も、究（究極的には）昂度《こうど》太（非常に）高きを以て、一輛の八輪汽車（八車輪の蒸気機関車）毎に、僅かに二十三輛の貨車を滞（連結）す可くも、満州道（満州鉄道）上の四十輛を滞（連結）す可きに如《し》かざる也。（此の一帯）遍山弥野《へんざんびや》（山も野も）、皆、森林に属す。林は皆、針葉樹にして闊葉樹《かつようじゅ》は無し。地に積穢《せきわい》無く、時に野焼きの痕《こん》

（あと）を見る。其の広き、数里なり。

車駅の左右、毎《つね》に蒙古人（モンゴル人）三五、群聚（群集）するを見る。袖手徘徊《しゅうしゅはいかい》（手をそでにしてうろつく）し、一（一見して）甚だしく事無き者の然るが若《ごと》し。頭には皮帽を戴《いただ》く、（其の皮帽）、略《ほぼ》（予の）故郷の村児の狗頭帽《くとうぼう》、及び紈袴《がんこ》の子弟《してい》（上流家庭の子弟）の拉虎帽《らこぼう》の如し。頂に紅纓《こうえい》（紅色の飾りの紐）を綴り、腰に彩絛《さいじょう》（色つきの内紐）を束ぬる。右衽《うじん》（みぎまえ）大袖、皆広縁なる、村婦の衣の如し。衣、獣皮にして、布（綿布）を加えず。即ち皮の革を以て表と為す。目を列車に注ぎ、口、食物を嚼《しゃく》（かむ）す。噫《ああ》、此の種の人、但に自立する能《あた》わざるのみならず、奴僕《ぬぼく》と作《な》すにも堪《た》えず(108)。予、謂う、「（此）、亦た坐して教育を施さざるの故なり」と。又た衣の左右の衽《じん》（おくみ）の一大一小なるは、乃ち蒙古風なるを悟る。此より前（以前）には、固《もとよ》り日本和服の如く、両衽の大小、維《これ》均しき也。

烏的（ウダ）河畔に駅名希洛喀（ヒロック）なる者有り。或（或る人）曰く、「此、真の成吉思汗の誕生地なり」と。（予）、下車して散歩す。鉄道、両山の間に在り、満山翠柏《まんざんすいはく》（全山が緑色の柏）、居民、少なからず。景者、亦た佳《よ》し。山間、平地なり。窄《せまき》者、（一）里余、寛《ひろき》者、一二十里。山下の大渓、即ち烏的（ウダ）河、忽《たちま》ち洒《そそ》ぎて数渠《きょ》（溝）となり、忽《たちま》ち合せて一流と為る。其の地、果たして霊なり。聞くに、居民、耕を事とす。産する所、小麦、大麦、葱《ねぎ》、薯《いも》等、兼ぬるに牛、羊を畜す、と。其の生活の度（程度）低しと雖も、猶お満州道（満州鉄道、満州線）上の成吉思汗（チンギス＝ハン）駅より勝《まさ》れり。

# 一一　バイカル湖横断

## 四月十九日（陽五月十五日）

黎明、（列車）、将《まさ》に色楞格（セレンガ）河橋に過（至）るを知り、特に起きて之を観《み》る。四山、環抱《かんほう》（ぐるりと取り囲む）し、残月、波に鏡《うつ》る。予、幼時より喜びて二百数十年前（一七世紀後半、清朝の康熙帝の治世）の塞北戦争《さいほくせんそう》の諸記載(109)を読む。其の武功を誇耀《こよう》（誇り輝かして示す）するは、未だ尽《ことごと》くは信ずるに足らずと雖も、然れども猶お色楞格（セレンガ）河上の鉄騎の胡《こ》笳《か》（胡人が軍中で用いたあし笛）の声（音）、水澌《つき》（尽き）て氷触《しょく》するの声（音）と相い応答するを見るを想う。今、則ち易《かわ》りて汽笛（列車の汽笛）と輪軸《りんじく》（列車の車輪の軸）の声（音）と為り、自ずから今昔の感を興《おこ》すを免れず。然れども人煙昔より聚（多き）を為すに、地力昔より任（放任、なりゆきにまかせる）なれば、則ち又た今を睹《み》て昔を嘆く。凡そ政教の及ばざるの地、毎《つね》に国力膨張者の其の勢力を施す所と為るは、亦た優勝劣敗の定理の然らしむる也。

　天明、漸々山の欠く樹隙《じゅげき》（樹木のすきま）より水光を望見、世界著名の一大淡水湖、所謂貝加爾（バイカル）湖なる者なるを知る矣。〔中国の旧籍、或いは「白海」と称す。元代には或いは称して「菊海」と為す〕。上烏的斯克（ヴェルフネウジンスク、一九三四年にウラン・ウダと改名）に過（至）るより、濃樹、山を連ね、風景の秀麗なる、蜀道を邁《すす》むに殆《ちか》し。而して此は夷《い》（平ら）にして彼は険なれば、但に怡悦《いえつ》（よろこび）有るのみならず、恐怖有る無し。因《よ》りて蘇《そ》武《ぶ》（前漢の名臣。武帝の命により匈奴に使いし、単于《ぜんう》（王）にとらえられ、投降を迫られるも屈せず、永く節を守り通した）の牧羊の日を想う。〔武、「北海」に牧羊す（『漢書』）、（北）海は即ち貝加爾（バイカル）湖なり〕。卓節、雪を噛み、苦寒に困《くるし》むと雖も、亦た夫婦父子、以て歳月を永らうるは、亦た未だ嘗て一種の幽景の静趣、其の天和を養う有るに非ざるとせざる也。旅行記程及び日本の各記載、(110)皆梅索瓦（ミソワヤ）を以て湖畔の換渡（渡船への乗り換え）の所と為す。今日、車（列車）梅駅（ミソワヤ駅）に至るも（バイカル湖を）渡らず、又たさらに二駅（進みて）始めて駐（停）車せり。豈《あに》所謂貝加爾（バイカル）回岸線なる者、已《すで》に引長（延長）して此に至る乎。此の車、本《もと》より旅順より来たり、哈爾賓（ハルビン）を経過して湖畔に止まる者なる也。

　予等、将《まさ》に此の車と別れんとす。庶務長、頗る慇懃《いんぎん》（親切で礼儀正しい）なり。彼、予等を渡船の発着所へ導き、久聞（以前より何度も聞かされてきた）の所謂砕氷船（砕氷装置付き汽船）なる者に登（乗）らしむ。〔船凡そ二有り。予等の登（乗）る所の者、貝加爾（バイカル）を名とす〕。（庶務長、予等を案内して船に乗り）、並びに船室の鍵を代わりに索《もと》め、室を開けて予等を安坐せしむ。（此）、外子、昔年、巴黎（パリ）にて購来せし精製の指南針（磁石）を（彼に）贈るに因《よ》る。〔蓋し（外子）、俄人との接触と交渉、必ず処々に贈物あるを要するを悟るによる也〕。船、英製（イギリスのアームストロング社製の新式砕氷船）なり。長さ、二百九十尺、噸《トン》数は四千二百。船底の一層を除くの外、其の岸に平らなる一層、船腹に軌（軌道）有り。船軌、路軌（鉄道の軌道）と湊合《そうごう》（一つになる）・銜接《かんせつ》（接合）すれば、汽車、即ち（ただちに）軌（軌道）に循《したが》いて船に入る。船、車二十七輛を容《い》るる可し。之を載《の》せて以て（湖を）渡る。渡る車（列車）、貨車を以て尤も便と為す。蓋し上下への搬運の労費を省くがゆえなり。客車の若《ごと》きは、則ち換乗（乗り換え）、便を為せば、必ずしも原車を載《の》せて以て渡るを定めざる也。予等の乗る所の急行車、本《もと》より貨車を帯さず。故に其の車を載《の》するを未だ見ず。其の上の一層、大食堂を為す。両傍は乗客の休息房（休息室）たり。其の後は二等位の食堂及び休息房なりて、亦た宏《こう》敞《しょう》（ひろびろしている）なり。船身の寛博《かんはく》（ひろいこと）、迥《けい》（全く）尋常と異なる。甲板上は遊眺所（展望所）を為す。煙突、凡そ四。舷に憑《よ》りて一望すれば、極目（目の届く限り）千里なり。〔湖の南北、千二十華里、東西、四百五十華里なり〕。

湖を環《かこ》むは、尽《ことごと》く山、〔四周に峭立《しょうりつ》（険しく立つ）し、一隅の欠無し〕。蒼樹白雪、眼簾《がんれん》（眼界）に錯映《さくえい》（交錯）す。時已《すで》に初夏なれど、全湖、皆、氷にして、尚お（其の）厚さ二三尺（有り）。〔湖面の抜海（海抜）、凡そ千五百六十英尺（フィート）〕。氷を排して舟を行か（進ま）す、極大なる白色の平原上に在るを彷彿《ほうふつ》せしめ、其の水なるを知らざる也。別に天地有り、何ぞ之を見るを幸いとせん乎。或（或る人）謂う「此、世界上、水の最も清澄なる湖なり。今日、氷を見て水を見ざるを惜しむ也」と。然れども吾が江浙の間の太湖《たいこ》、上、天目（天目山）の諸水を受け〔貝加爾（バイカル）の上、色楞格（セレンガ）の水を受けるが如し〕、下、呉淞等の江に泄《おしだ》す〔貝加爾の下、昂噶拉江（アンガラ河）に泄すが如し〕は、大小什の一と雖も、亦復《また》極目（見渡す限り）限り無く、水清澄底（水清く底まで透き通る）す。〔貝加爾の水の淡にして鹹《から》からざる、水流の泄《せつ》（おしだ）するの故を以てする也〕。而《しか》れども皚々《かいかい》（真っ白）なる白氷、見る所に非ざる也。故に此の渡、極めて楽し。

船の砕氷する所以《ゆえん》に至りては、初め衝力を以て氷を撞《つ》くに非ざる也。故に船首、鋭からず。乃ち船機、此の氷下の水を吸い〔氷、如何に厚きかを論ずる無く、其の四五尺下、必ず水なり〕、以て舷外に噴き出す。氷、水の相い承《う》くる無ければ、自ずと重力均平ならざるを以て裂くるを致す。更に助くるに船の推力を以てすれば、此の既に裂けし氷を推し開きて、船進む矣。故に湖中の氷、堅きと雖も砕く可し。而して湖辺の氷、以て水の浅きに転ずれば、船力の及ばざる所となる。舟行（船の航行）二時許（二時間程）、〔他の人、湖を渡る、毎日四時許（四時間程）を須《ま》つという[111]、（此）、或いは梅駅（ミソワヤ駅）より渡るならん。故に路（氷路）遠きなり〕、西岸（バイカル湖西岸のリストビヤニチノウエ駅）に達す。〔聞く「湖に一種の奇魚有り、長さ五六寸、頭部の長さ、全身の三分の一を占む、眼の大、常ならず、且つ能《よ》く飛ぶ。魚小さしと雖も、能く二千尺以外の水底に潜《ひそ》み、其の重圧を畏《おそ》れず、惟《た》だ水を出て日光を見れば、乃ち溶くる」と。〕此の湖、疾風と迷霧《めいむ》多し。故に氷渡、尤も穏なり。〔蒙古音、此の湖を謂いて「達登淖爾（ダートンドゥール）」と曰う。「達登」なる者、「神奇」の意と「富有」（裕福）の意を含む[112]。〕

## 一二　イルクーツクより中央シベリアの森林地帯へ

将《まさ》に西岸に抵（至）らんとするや、乗客、紛々と先を争う。（此）、一に中国の長江輪船の状態の如し。云うに拠《よ》るに、「彼の処、車位（列車の座席）不良、且つ或いは竟《つい》に坐位（座席）を得ざるを恐る」と。外子、之を笑いて「当《まさ》に此には至らざるべし」と謂う。遂に従容《しょうよう》（ゆったり）と歩きて車側に至る。一等車一輌有るを見て登《の》らんと欲すれば、則ち車僕（車掌）、「美国人（アメリカ人）専賃（貸し切り）」を以て対せり。又た一等車一輌（あれども）、則ち坐位已《すで》に満つ。（予等）、先を争う者、俄情（ロシアの国情）を洞知（よく知る）する者なるを始めて信ずる也。

外子、予等を率《ひき》いて車側を徘徊《はいかい》、猶お続来鈎結《ぞくらいこうけつ》（つづいて来て連結する）の車（車輌）の有るを盼（待）つ。乃ち車の行（発車）と隔つるに十分鐘（一〇分）に過ぎざるに、寂然《せきぜん》として聞かず。彼《か》の予等を送りて湖を渡りし庶務長、傍徨不安《ほうこうふあん》（さまよいやすんじず）、左右に奔馳《ほんち》（走り回る）して此の駅の長と商（協議）す。駅長、肩を聳《そび》やかし掌《たなごころ》を張《ひろ》ぐれば、（予等）、反復（くりかえし）して説（抗論）に与《くみ》するも、竟《つい》に効無し。此の庶務長、将《まさ》に湖東に帰らんとするや、急々（急いで）予等の為に手荷物を提《さ》げて食堂（食堂車）の中に置き、予等を邀《むか》えて此の食堂（食堂車）に坐さしめ、尚お謂う「行くこと二時許（二時間程）にして伊爾庫次克（イルクーツク）大駅に至る、（さすれば）、必ず車（増結車）の来りて鈎結《こうけつ》（連結）する有り、予等の坐位（座席）を備えん」と。乃ち比《ころおい》伊駅（イルクーツク駅）に至るも、仍《な》お復た寂然たり。但に予等、坐位無きのみならず、更に伊駅（イルクーツク駅）より登車（乗車）の二徳国客（ドイツ人乗客）有るも、亦た坐位無し〔二等位〕。同行学生五人（湖北四学生と銭恂の側室朝日を指す）、亦た坐位無し。幸い漢口俄領事の書記生夫婦、伊駅（イルクーツク駅）に於いて下車、二等一室（四位　四座席）を譲りて出、学生を招きて速かに占めさせせんとす。奈《いかんせん》、俄頃《がけい》の間《かん》（ほんの僅かの間）に、已《すで》に一人に一位（一座席）を占められ、僅かに三位（三席）を余すのみとなる。〔此の人、後に倘《な》お譲りて出る〕。是に於いて三学生、姑《しばし》此の室に居るも、倘《な》お余りの二学生、着する無し。正に紛擾《ふんじょう》（騒ぎがひろがる）せんとする時、一徳国（ドイツ）老婦人の華語に通ずる（者）、予等の坐位を得ざるに憤り、（予等に）代わりて（この列車の旅客担当管理者と）争論を為す。比人（ベルギー人）巴君、亦た助辯（徳国老婦人を弁護）す。聚議（これらの人々の行った議論の応酬）四時（四時間）の久しきに及び、（列車の管理者）、始めて勉《つと》めて（無理にやりくりして）二等位の者一室（二等一室）を騰《とう》す（座席を占めている者を退去させて空にする）。予、外子及び携うる所の二女子（銭恂の次女および次子の妻）と皆《とも》に、皆已《や》むを得ず此の二等室中に擠入《せいにゅう》（つめて入る）するも、已《すで》に倦《う》むこと極まる矣。俄人、動《ややもすれば》輒《すなわ》ち「華人を優待する、他国の及ばざる所を為す」と自ら誇るも、今、果たして其の優待、此の如きなるを見る。售出《しょうしゅつ》せる切符若干枚の、車室の若干坐位と相い符号せざるに至りては、亦た惟《た》だ俄人の経理の周密なる、此の如きなるを示すのみなり。

車（列車）、伊爾庫次克（イルクーツク）に過（至）るも、予、車室、未だ定まらず、且つ怨声、耳に盈《み》ち、怒容（怒りの表情）、座に満つるに因《よ》り、故に（駅の周辺や市内を）縦観（ほしいままにみる）する心無し。（この間に）銀行の人、三百盧布（ルーブル）を携えて来、外子に簽字《せんじ》（サイン）して領受（受領）するを請う。蓋し李君緝甫、（予等の）川資（旅費）の敷《し》かざる（不足する）を恐れ、此の三百盧（ルーブル）を電匯（電信為替）により送り来たれり。又た森堡使館（ペテルブルクの中国公使館）、（外子に）電（電報を送り）し、公使（胡惟徳）、陸《りく》君子興《しこう》（陸徵《りくちょう》祥《しょう》）[113]に親しく莫斯科（モスクワ）に赴きて（外子）を相い迎えるを託せし、を知る。陸君、外子の十二年前の好き友なれば、更に欣慰《きんい》（喜び安心）せり。

郵便はがき

料金受取人払郵便

麹町支店承認

6409

差出有効期間
平成23年11月
30日まで
（切手不要）

1028790

102

東京都千代田区
飯田橋二―五―四

汲古書院

行

通信欄

# 購入者カード

このたびは本書をお買い求め下さりありがとうございました。今後の出版の資料と、刊行ご案内のためおそれ入りますが、下記ご記入の上、折り返しお送り下さるようお願いいたします。

| |
|---|
| 書　名 |
| ご芳名 |
| ご住所<br><br>TEL　　　　〒 |
| ご勤務先 |
| ご購入方法　①　直接　②　　　　書店経由 |
| 本書についてのご意見をお寄せ下さい |
| 今後どんなものをご希望ですか |

予、昔年（以前）初めて日本文を習う時、曾て福島安正君〔今は少将〕の『単騎遠征録(114)』を試みに筆訳（翻訳して華文に書き記）せり。〔少将、中佐に任ぜし時、一人、馬に策して（鞭をあてて）〕俄及び満蒙の境（満蒙の地）なる者に寒暑を再閲せり、伝うる所の日記、『単騎遠征録』と曰う〕、中に伊爾庫次克（イルクーツク）を叙する一段有り(115)、録して存するに左の如し。壬辰《じんしん》（一八九二年）、癸巳《きし》（一八九三年）の間の事なりと雖も、亦た大略を参知する可し。

伊爾庫次克（イルクーツク）、昂噶拉（アンガラ）河右岸に瀕する。人口大約四万七千、西伯利（シベリア）の中心に位（位置）す。亦た第一の都会地なり。観光して勢を察するに、此の地に如《し》くは無し。故に馬を留むること十日、哥薩克（コサック）騎兵、予備歩兵大隊営、専門器械学校、陸軍病院、候補士官学校、小学校、博物館等を巡覧するを得る。

此の地に駐屯する騎兵、僅かに哥薩克（コサック）一中隊耳。時、已《すで》に厳寒なれば、道路氷結して騎兵の運動に便ならず。参謀本部長の厚意を蒙《こうむ》り、（コサック騎兵）、参謀本部前に召集され、密集運動を演ずる。（余）、相い邀《よう》（招待）せられて観覧せり。路、氷結して滑《すべ》ること甚だしく、蹶《つまず》き易《やす》きも、馳駆《ちく》、頗る熟練せり。

歩兵大隊は五中隊を以て編成す。兵員、千二百人なり〔按ずるに、今已《すで》に大いに異なる〕。器械学校、九年を以て卒業、生徒二百許《ばかり》、学術応用の組織を為す。校内に教場有り、工場有り、一面、学術研究を為し、一面、実業練習（実習）を為す。其の製造する所の機械と器具、皆堅牢《けんろう》（堅固）にして価も低廉なり。故に民間の定購（定量購入）する者、少なからず。蓋し此の地に必要な学校なり。

陸軍病院、時に患者百許有り。院内に病夫（病人）を看る学校有り。生徒六十人、三年を以て卒業し、六年（六年間）服役（勤務）す。

候補士官学校、歩兵大隊、騎兵連隊の士官候補者を養成するの所たり。現歩兵科二十人、騎兵科九人、二年（を以て）卒業、見習士官を以て本隊に帰し、士官の欠を待ちて之を出して採用す〔此を按ずるに、大概《おおむね》各国の通例の如し〕。

小学校凡そ十五、其の一つを縦覧す。此の校の資本金、悉《ことごと》く豪商より集成す。故に生徒の授業料を収めず。石造の層楼、甚だ宏壮《こうそう》（大にして立派）、百事整頓。講堂上に集金者（建築資金寄付者）の肖像を掲げ、以て不朽に垂範《すいはん》（手本を後世に示す）せしむ。

博物館、亦た西伯利（シベリア）第一なり。建築、壮麗なり。楼上に蔵する所の書籍中、中国書多し。又た各国の地学に関する雑誌等を蔵す。楼下、則ち西伯利（シベリア）の古代の器物、及び鉱物、植物、動物を蒐集《しゅうしゅう》せり。陳列する所の古今の貨幣、外国品少なく、亦た観《み》る可き者なし。就中最も注意す可き物、鉱物たり。西伯利（シベリア）採掘する所の金、千八百九十年に当たりては、凡そ六万三千四百三十二封度（ポンド）、翌年、六万五百五十七封度（ポンド）なり。蓋し伊爾庫次克（イルクーツク）、後貝加爾（ザバイカル）、黒竜江（アムール）の三省（州）、金鉱極めて富む。今、交通未だ開けず。機械未だ全からず。而《しか》るに獲する所、既に此の如し。一朝大鉄道（シベリア鉄道）通じ、機械工夫の運搬便利となるに至らば、其の採《さい》獲《かく》、測る可からざるとならん。

当時鉄路（シベリア鉄道）未だ成らざるも、経営する所の者、已《すで》に此の如し。近今二三年来、必ず進歩有らん。昨冬（一九〇二年冬）、旅行者の此を経る有り。観察の得る所未だ詳細ならずと雖も、亦た録するに左の如し。[116]

伊《か》の地の建築、十の九は皆木（木造）なり。惟《た》だ総督（東シベリア総督）官舎、博物館、劇場〔土木の費、凡そ二十余万盧布（ルーブル）〕、教堂（教会）、商業学校等は石造を為す。道路は、則ち石にあらず、木にもあらず。塵芥、踝《くるぶし》を没せしむ。最も経営する所の者は教育と慈善事業なり。全都（この都市全体）の大小教育処（教育機関）は凡そ四十余所、宗教、商業、工業、礦山、女学、兵学、医学、幼年学〔武を儲《たく》わえ材を学ぶを為す者、七八歳以上より（はじめ）十余歳に至れば止む、其の教法（教育法）を観るに、亦た頗る認真（真剣）なり。飯時に游客（訪問者）至れば、即《ただ》ちに邀《むか》えて餐（食事）を共にす。（餐は）茶（紅茶）一杯、肉両片と麺包（パン）のみなり。食の前後に生徒は起立、耶蘇像に対して賛美歌を高唱す。蓋し俄人、教育上に於いて処々宗教の性質を帯ぶ。但に孩童《がいどう》（児童）に於いてのみならず、武学に於いて尤も甚だし。人の賢否、課（学業と武芸）の高下、宗教の信仰の分数（度合）を以て定めざるは無し」、孤児院、小学校等有り。慈善に関する者にては、又た罪人児童の収容所、貧民院、無宿者の宿泊所、悪童懲教所有り。余は学術協会の如き、亦た注意する所あり。而して尤も地学会を重んぜり〔博物館は即ち此の会に附属す〕。工商業は尚お未だ盛んには臻《いた》らず。（此の地）、本来人口稀少なるに、金坑多きに因《よ》り、四方より労働（労働者）を招集するも、製造業に及ぼす暇あらざるがため也。製造品、多くは欧俄（ヨーロッパ・ロシア）より来る。農業と畜牧、亦た以て当地の民を養うに足らず。故に畜類、多くは托穆司克（トムスク）及び斜米帕拉庭司克（セミパラチンスク）より来り、或いは蒙古（モンゴル）より来る。価格の貴《たか》きは、職《ただ》是の故による。当地、風尚（気風）靖《やす》からず、殺人と放火、習い（習慣化し）て常の事と為る。田舎（郊外）と市内を論ずる無く、夜間は人々警戒して敢えて外出せず。蓋し欧俄より放逐されて来る者、種類繁多なり。公権を剥奪されし強制移住民有り、公私権を併奪されし定期（有期）追放民有り、行政処分に因《よ》りて追放されし者有り。獰奴悪漢《どうどあっかん》（凶悪な悪党）と豪傑志士、均しく少なからず。近七十二年間、（欧俄よりの追放人）、約五十万人有り。当時西伯利（シベリア）の開拓を助くる為に此の種の人を放逐せり。然れども怨毒、人に在れば、今日の行政上に於いて、未だ必ずしも便利ならず。

伊《か》の地の有名なる大監獄、所謂西伯利（シベリア）監獄なる者、世人の記載、囚徒を待遇するの残忍、挙世無双なるは卒読（読み終える）に忍びず、と為す。而《しか》るに当局者の言に拠れば、則ち待遇の親切、父兄の子弟を待するに異なる無しと曰う。其の然るを信ずる耶。但言う所の謬ならざるを願うのみ。

上烏的斯克（ヴェルフネウジンスク）より以西、伊爾庫次克（イルクーツク）以東の凡そ貝加爾（バイカル）湖南岸一帯の地、我が恰克図（キャフタ）地方に逼近《ふっきん》し、二百年久しく通じる商路と為る。[117] 故に毎《つね》に出境せし華人に遇する。〔蒙古人（モンゴル人）、亦た少なからず〕。所謂商う者、茶と（絹）織物を除くの外に他物無し。然れども茶利（茶の商権）、尽《ことごと》く俄商（シベリア第一の富豪ミンチノフやそれに次ぐシュニッツェンなど）に帰す。華人は小販（零細な商人）に過ぎざるのみ。（絹）織物の銷售、多からず、斉（山東）、晋（山西）の産のみ。江浙間の（絹）織物、好む所に非ざる也。

**四月二十日（陽五月十六日）**

凌晨《りょうしん》（朝まだき）寒甚だし。車室中の八十度の寒暖計〔俄国通用（のもの）〕、僅かに九暖度

（九度）なり。其の冷遇、此の如し。亟《すみ》やかに車僕（列車のボーイ）に命じ薪を燃させて温（暖）を取る。食堂に至りて早茶（モーニング・ティー）を飲み、学生夏君と二徳国人（二人のドイツ人）、昨夜均しく食堂に臥《ふ》すも榻（ベッド）無く、寒の甚だしきを知る。二徳国人、方《はじめて》怒りを色に形《あらわ》す。彼（彼ら）蓋し二等の客なるも、容《い》るる可き室（席）無き者也。予等一等客四人、既に二等室に居る。而して二等客、遂に容《い》るる可き室（席）無し。彼の満蒙道（満州鉄道、満州線）上の俄武官、概《おおむ》ね賃資を出さずして一等位を占居せり、而《しか》るに乗客の位（席）有ると位無きは計らざる所に在る者、蓋し（このシベリア線）、本（本来）兵路（軍用鉄道）にして商路（民用鉄道）に非ざるがためなる耳。（然れども）、西伯利路（シベリア線）の若《ごと》き、又た豈尽《あにことごと》く兵用に供して商利に藉《か》ること無き乎。今日始めて耕地を見る。（此）、又た満州に勝ること一層なり。

## 四月二十一日（陽五月十七日）

黎明、堪斯克（カンスク）に抵（至）る。亦た繁盛の地なり。惜しむらくは未だ起きて観《み》ず。又た八駅にして沃林斯喀雅（ヤリンスク、ヤリンスカヤ）駅に至る。駐車（停車）して（長時間）行かざるは、前途の橋（切）断して修（修復）を待つの故に因《よ》る、と聞く。此も亦た大駅なり。下車して散歩するも、市と距《へだ》つること遠ければ、見る所無し（西伯利路（シベリア線）の車駅、例（規則）に照らし市と距つること遠し」。惟《た》だ一四の垣衛《えんえい》無き木屋を見る。（この木屋）、中に極めて粗なる木（製）の長机数十を列し、机の傍に各《おのおの》極めて粗なる木の長凳《ちょうとう》（ベンチ）を列す。一机一凳、相い配列するも、地の汚穢《おわい》、甚だし。同行学生曰く、「此、中国（各省）の学政の試士院（試院）に酷似す」と。蓋し郷僻《きょうへき》（いなか）の菜市《さいし》（野菜や食料品を売る市場）也。村中の婦孺《ふじゅ》（女と子供）、道傍に聚《あつま》り、蠢々然《しゅんしゅんぜん》（うごめき騒ぎて）として列車に向かいて騃望《がいぼう》（ぽかんと見る）、口、葵子《きし》（ひまわりの種）を嗑《か》む。駐車（停車）九時（九時間）の久しきを歴すれば、頗る厭《えん》を生む。此の長鉄道、本《もと》より単軌（単線）、又た路工（鉄道建設工事）、鞏固《きょうこ》（強固）ならず。此等の事、聞くに「恒に有る所なり」と。然るに路工を以て論ずれば、西伯利路（シベリア線）、究、満州路（満州線）に勝る。満路、専ら地に拠《よ》り兵を用いる為に見を起こし、工、商、農に於いては、皆顧みる所に非ず。中国人にして、（之を）知らず、以て此の路（満州鉄道）有るより、商務（貿易や商工業）必ず変動有らん、と為す者、俄情（ロシアの実情）を知る者には非ざる也。

当地の正午、森堡（ペテルブルク）にありては午前七時四十四分、蓋し時間の相差は二百五十六分にして経度は六十四度也。〔経度一度、相い距つれば、時間の相差（時差）、四分なり〕。予等の此の行、海参崴（ウラジオストク）より森堡（ペテルブルク）に至る、経度九十六度半ばを相い距つ。故に時間相差（時差）三百八十六分。車中、頃刻《けいこく》（少しの間）も同じにあらず。故に何時なるかを確知する（正確に知る）能《あた》わざる也。今日駐車（停車）久しければ、時間の計算し易《やす》からざるを感ぜり。経る所の大駅の時間相差（時差）、左の如し。

| | |
|---|---|
| 森堡（ペテルブルク）正午 | |
| 莫斯科（モスクワ） | 午後零時三十分 |
| 薩馬拉（サマラ） | 午後一時十九分 |
| 烏発（ウファ） | 午後一時四十二分 |
| 米雅司（ミヤッス） | 午後二時一分 |
| 車里雅賓（チェリャビンスク） | 午後二時四分 |
| 鄂穆司克（オムスク） | 午後二時五十二分 |
| 鄂畢（オビ） | 午後三時三十分 |
| 伊爾庫次克（イルクーツク） | 午後四時五十六分 |
| 梅索瓦（ミソワヤ） | 午後五時二分 |
| 赤塔（チタ） | 午後五時二十九分 |
| 哈爾賓（ハルビン） | 午後六時十八分 |
| 海参崴（ウラジオストク） | 午後六時四十六分 |

車行、既に速ければ、時間差異（時差）に於いて関係極めて巨なり。戦時に在りて車を用いる、尤も精算を貴《たっと》ぶ。譬《たと》えば東駅西駅、七百里を相い距ち、〔姑《しばし》中国の旧説を以て、之を命じて経度と曰えば、相い距つ、三度半なり〕、車行の速率（速度）、一時（一時間）七十里を以て計れば、〔速率は大概なり〕、則ち十時（十時間）を歴して達す。今東西駅、各《おのおの》正午に発車、速率稍《やや》も異なる無しとすれば、東車の西駅に抵（至）る時、午後九時四十六分を為し、西車の東駅に抵る時、午後十時十四分を為す。車に遅速有るに非ざれば、乃ち午線同じならざる也。聞く、「徳意志（ドイツ）、国境（国土）の東西、三十余度相差（相違）し、車行時間、頭脳を淆《みだ》し易《やす》く、戦事に於いて尤も便に非ざるを以て、故に甲午《こうご》（一八九四年）陽三月三十一日の夜半に、全国一律にして殊（異）なる無きの正午を用いるに改めり。惟《た》だ種々の政令と相い関わり、改易《かいえき》、易《やす》きに非ず、事に先んじて商議（協議）する、凡そ十年を歴せり云」と。

烏蘇里（ウスリー）線及び満州線の車（列車）、食事、均しく俄例（ロシアの慣習）を用い、毎日一度なり。〔俄人往々毎日一餐なり〕。此の車（シベリア線の列車）、各国の通例を用い、毎日二度〔早茶は計らず〕。早餐（朝食）の価、七十戈（コペイカ）、晩餐（夕食）の価、一盧（ルーブル）、茶等を加えて大約毎日三盧（ルーブル）なり。長車（長距離列車）、（為す）事無ければ、食時（食事時間）、楽しみを為す。然れども、食堂の坐位（座席）、極めて多きも、二十人を過ぐる能《あた》わず。而《しか》るに乗客、（其の）幾倍なり。故に掌食者（食堂の担当者）、必ず予《あらかじ》め乗客に向かいて食時を商定（協議してきめる）す。二度の食事、必ず四次（四回）にして方畢《はじめておわ》る。又た此の車に浴室有り。毎人の価、二盧（ルーブル）。而して水の濁り、黄河を逾《こ》ゆ。然りと雖も、究《つまるところ》、浴さざるに勝《まさ》れば、亦た愉快を増すなり。

晡（日暮れ、午後四時頃）、克喇斯諾雅爾斯克（クラスノヤルスク）駅に抵（至）る。駅、葉尼賽（エニセイ）河に瀕する（臨む）。河、西伯利（シベリア）四大水の一、橋の長さ、三千十七英尺（フィート）、尤も四橋に冠たり。地、繁盛し、教堂の尖巓、目に満つる。停車場も亦た壮麗なり。一望するに、芳草《ほうそう》（芳香ある草）、茵《しとね》の如く、遠山、黛《たい》（まゆずみの色、青黒色）を添う。彼の塞外《さいがい》を状（陳述）する者、動《ややもすれば》砌《せい》する（積み重ぬる）に「衰草・平沙」等の字を以てする者も、踪跡《そうせき》（足跡）、僅かに漠南北（ゴビ砂漠の南北）一帯に在り、初め未だ杭愛山《こうあいざん》（外モンゴル三音諾顔部の中央にある山、アルタイ山脈の東方にのびる）、唐努山《とうどさん》（外モンゴル唐努鳥梁海の南境にある山、アルタイ山脈の大支脈）、薩彦山《さつげんざん》（アルタイ山脈の北の山脈。外モンゴルの北部に在り、シベリアとの天然の境界をなす）を逾《こ》えて更に北にすすまず。故に緯度（北緯）五十五六度の間に尚お耕に宜《よろ》しく牧に宜《よろ》しき沃土《よくど》（肥沃の地）有るを知らざる耳。今日、多く闊葉樹《かつようじゅ》を見る。凡そ地の闊葉樹を有する者、耕に宜《よろ》しきなり。

線路、森林を穿《うが》ちて過《とお》る。開鑿の時を溯《さかのぼ》れば、禹《う》（夏王朝の創始者とされる伝説上の人物）の刊（削る）を法とするに非ずして即ち羿《げい》（夏王朝時代の有窮国の王とされる伝説上の人物、射を善くしたとされる）の焚《ふん》を法とす。然れども、焚を用ゆるは、尤も刊を用ゆるより易《やす》し。故に焼迹《しょうせき》満目《まんもく》（焼け跡が見渡す限り）なり。惟《た》だ一事のみなる、最も奇なり。現今、列車、日々通過するも、線路の左右の数里、尚お数抱の大樹の火《ひ》焚《た》きて熄《や》まざる者、計るに、数日に非ざれば、一樹を焚《た》く能《あた》わざらん。（此）、将《まさ》に人力の為す所と謂わんや。四曠の荒寂、何人《なにびと》ぞ、力を労して此の愚策を出すか。将《まさ》に車（列車）、噴火の兆《きざ》す所を過ぐると謂うか。一星の火、何ぞ能《よ》く此の大樹を焚くか。且つ線路より距つること遠き者、又た何を以て説くや。不可思議なり。惟《た》だ火光熊々《かこうゆうゆう》、列庭の燎《かがりび》の如し。（此）、頗る目を悦《よろこ》ばす耳。

車（列車）行くに、車を掌る者（車掌）、已《すで》に車一輌を添う（増結する）を告げ、予等に室を分くるを勧めり。惟《た》だ倘《な》お二等車なり。（此）、彼に在りて極めて理（道理）無きなり。然れども四人、二室に分くる、究《つまるところ》便なれば、遂に之を允《ゆる》す。是に於いて予等四人、二室を占むる外に、夏、沈二学生、又た一室を得る。二徳人（ドイツ人）、亦た一室を得る。又た一等乗客の駐長崎英（イギリス）領事、亦た一室を得る。領事、東語（日本語）に善なり。（予と）相い見るを願い、遂に略談せり。彼も亦た車（この列車）を怨むこと甚だしく、外子に向かいて曰く、「君、政府の人（官員）なる乎、俄人、好き友なりと謂う乎」と。外子、答えて曰く、「我、政府の人（官員）に非ず」と。[118] 彼笑いて曰く「然からば、則ち君、必ず俄人を知る者也」と。

## 四月二十二日（陽五月十八日）

晨（朝）、阿臣斯克（アチンスク）に過（至）る。下車して車場（停車場）に於いて食に就《つ》く。俄路（ロシアの鉄道）、惟《た》だ食物、最も備わる。場中、間（間々）、宗教書を售《しょう》する者有り。而して従（従来、これまで）未だ新聞紙を售する者を見ず。蓋し俄、本《もと》より小学（小学校）教育を施すこと罕《かん》（まれ）なり。故に字を識《し》る人少なく、新聞紙を読む能《あた》わず。且つ政府の報館（新聞社）に対する禁令苛細にして、民智を開く語を載《の》せさせず、国際交渉の語を載《の》せさせず、以て種々の禁載（掲載禁止）に及ぶ。執筆者、既に左顧右忌《さこうき》（政府による弾圧を恐れていつもきょろきょろとあたりを見回す）すれば、着筆に従う無く、閲《よ》む者、又た載《の》する所尽《ことごと》く精彩無くして厭《えん》を生むを以てす、故に新聞紙、断じて発達する能《あた》わず。此、政府の便とする所にして、社会の利に非ざる也。

此の駅において一華人、嚢《のう》（袋）を負いて登（乗）車し、絹物（絹織物）を售するを見る。詢《たず》ぬるに山東人に系わる。售する所、即ち山東にて織る所（のもの）なり。俄、他国人の入境（入国）を禁ずるに於いて綦厳《きげん》（甚だ厳）にして、且つ課税も重々たり。此の小販人の獲《う》る所、幾何《いくばく》なるや。而《しか》も万里を遠しとせず此の営生（仕事）を作《な》す、（此より）吾が民の生計の艱《かん》（艱難）を想い見る（可し）。聞くに、一路（このシベリア鉄道の列車に乗って）森堡（ペテルブルク）に至る（華人あり）、此等の（華人）、亦た数百名を下らざるも、間（間々）（俄当局に）殺されて死する者あり。且つ或いは（俄官）、加うるに疫（疫病）を有するの名を以て之を虐死せしむ。死後、彼の官、一紙の空言を以て彼の内部（内務大臣）に達し（報告し）、転じて外部（外務大臣）に（伝）達す。而して（外部より）我が使館（中国公使館）に告ぐるも、我が使館、本《もと》より此等の人の姓名、来由（来歴）、踪跡《そうせき》（活動の履歴）を知らざれば、亦た遂に之を（棄て）置く。其の我が使館に告げざると、彼の内部（内務大臣）、外部（外務大臣）に達せざる者（に至りては）、論ずる無き矣。然りと雖も、（彼ら）、満州境上、哥薩克（コサック）の時折人を殺して官方に奨励（報償）を上（報）する者を視《み》れば、仁、厚きこと多き矣（はるかに厚し）。俄官の動《ややもすれば》「国政の仁厚」を称するは、怪《あや》しむ無し。譬《たと》えば水旱（洪水や旱魃）の偏災（大災害）の如き、帑《ど》（国庫金）を発し粟《ぞく》（穀物）を移（支給）するは、乃ち政を行う者の分内の事（当然なすべきこと）なり。而《しか》れども俄国に在りては、則ち必ず曰く、「此、朝廷、恵を窮黎《きゅうれい》（困窮する人々）に加うる」、「此、朝廷、民生を拯念《しょうねん》（救い助くる）す」と。一たび百姓《ひゃくせい》必ず応《まさ》に種々の損害を受けんとして稍《やや》或いは然らざれば、便ち「是《これ》、国政の仁厚なり」という。此、俄の文明国（欧州諸国）と異なる所以《ゆえん》也。

午（十二時前後）、瑪里音斯克（マリインスク）に抵（至）る。石炭を積むを見ること、少なからず。是より先（以前、以東）、汽機（蒸気機関）の燃料、薪を用ゆる。蓋し東方、材木多き故也。是（マリインスク）に至りて始めて石炭を用ゆ。午後、台噶（タイガ）駅に抵（至）る。〔此の駅に枝路（支線）有りて托穆司克（トムスク）に通ず、西伯利（シベリア）線唯一の枝線（支線）なり〕、下車して茶を飲む。夙《つと》に俄国、西伯利移民（シベリア移民）に尽力すること、台噶（タイガ）左右を以て最も枢要の地と為す、と聞く。今、此に在りて、果たして数十輛の移民列車を見る、（この列車）、車外に若干人を容《い》るる可きを標（表示）し〔細かに載《の》する所の民の数を察するに、必ず標する所の額数（人数）を逾《こ》ゆ、而して坐臥（座席やベッド）の足敷《そくしき》（たりる）するや否や、空気の養うに足るや否やを顧みざるは、則ち俄官、事に任ずるの実ならざるの通病《つうへい》なり〕、車中に一暖炉を設くるも、窓無く、榻《とう》（ベッド）も無し。極めて貨（貨物）を載する車（貨車）に似る。老幼男婦数十人、其の中に挨擠《あいさい》（込み合う）する、羊や豚の然るが若《ごと》し[119]。然るに歳々の遷民（移される民）〔近一年の遷数、二十万に達す〕、愈《いよいよ》遷し、愈《いよいよ》東（東に赴く）。〔此の駅、遷民、並び（決し）て未だ下車せざれば、必ず更に東（東進）するの行有らん」。彼の蔵相威特（ヴィッテ）、（先年、一九〇二年）東清を巡回せり。[120]其の（皇帝への）覆命書、後貝加爾（ザバイカル）以東に於いて広く遷政を拓《ひら》くを籌する（ロシア人六〇万人を東三省に移民させる構想を提起する）[121]は、誠に要図を為す。（後貝加爾（ザバイカル）以東なる者、満州の謂也）。千里の広土、百余年、国禁にして開墾を許さざるの（東三省の）未闢《みびゃく》（いまだ開かざる）の精華、安《なんぞ》強隣（強大なる隣国ロシア）をして艶羨《えんせん》（うらやむ）せしめざるを得んや。

此の処（タイガ）に鉱石を市（取引）する所有り。蓋し附近に産する所（のもの）なり。二十戈（コペイカ）を以て一煙吹盤（タバコ盆）を市す。（その）質（品質）は中国の所謂瑪瑙《めのう》に類する者なり。

## 一三　西シベリア低地の穀倉地帯に入る

夜半、鄂必（オビ）河に過（至）る。此（オビ、一八九五年にノヴォニコラエフスクと改名、一九二五年にノヴォシビルスク（「新シベリア」を意味する）に改称）より又た西西伯利（西シベリア）線に入るも、惜しむらくは、未だ起きて観ず。鄂必（オビ）、亦た四大河の一なり。鄂必（オビ）以東、獣皮に富み〔野獣極めて多し〕、鄂必（オビ）以西、穀類に富む。此、西伯利（シベリア）の二大富源なり。

各種の記載を閲《よ》みて、此の一帯、追放人列車の多きを知る。鉄柵、車（列車）を環《かこ》み、鉄索（鉄のロープ）、（追放人の）身を縛る。兵卒、銃を肩にし刀を（手に）持ちて車外に立ち、種々怖る可き状を作《な》す。凡そ追放されし者、固《もとよ》り圧制政府（専制政府）に対し反抗を施すに因《よ》り罪せらるる多く、亦た陰険者の為に不幸に陥れらるる者も多し。追放、併せて妻子に及ぶ。往々車窓より（追放人の妻子）、（彼らとは逆に）西に行く客を目（見）送りて泪（涙）を流す（を見る、という）。之を言う、憫《あわれむ》可し。(122) 予等、幸い未だこの追放人列車に遇《あ》わず。

## 四月二十三日（陽五月十九日）

晨（朝）起きて沮沢《しょたく》（低くして湿気の多い地）野に満ち、樹根と轍迹《てっせき》（車のわだちのあと）、半ば水中に没するを見る。此、額爾斉斯（イルティシ）河附近の泛溢《はんいつ》（あふれた）の水、亦た有名なる沼沢《しょうたく》最も多く、盈涸《えいこ》（溢れたり涸れたりすること）常無きの地〔即ち達布遜淖爾（ダブソンドゥール）左近、今は俄境（ロシア領）に入る〕。此を過ぐるや、又た有名なる千里の平原、一として見る所無きの地〔地、有名なる穀倉を為す。農作、頗る勤勉〕。曠野《こうや》（広々した野原）に風磨《ふうま》（風車による粉挽き臼）峙立《じりつ》（そばだつ）するは、予、初めて（これを）見るなり。

今日、俄の令節日（祝祭日）なり。処々に旗を懸《か》く。節に大小有り〔大節には旗を懸く〕て学堂（学校）の休暇と為す。工作（工場、企業などの仕事）の業を綴《や》む、則ち同じ。一歳三百六十五日中、令節日、四分の一を居《し》む、加うるに暑休（暑中休暇、夏季休暇）〔大約九十日〕、寒休（寒中休暇）〔列氏寒暑表（氷点を零度とし、沸点を八〇度とする寒暖計）零下十五度外（以下の日）〕を以てすれば、学生の功課（授業日）、幾《ほと》ど（一年の）五分の三に足らず。故に一俄教育家の言、曰く「若《も》し俄国の学生をして他国の学生と同等の教育を受けさせせんと欲すれば、他国の学生に比し二年（二年間）の学期（学習期間）を加うるに非ずんば不可ならん」と。誠なる哉、是の言。

午後、鄂穆司克（オムスク）駅に過（至）る。亦た西伯利（シベリア）の大都市なり。市、額爾斉斯（イルティシ）河に瀕す（臨む）。（予）、昔、『新疆識略』（松筠《しょういん》らの奉勅撰、一八二一年刊）[123]を読み、此の河の近傍に（中国（清朝）の）戦績、少なからざるを知る。下車して瞻眺《せんちょう》（仰ぎ見）、感慨に勝《た》えず。

予等乗る所の車、続添《ぞくてん》（途中での増結車）の故に因《よ》り僕人（旅客の用命に応ずる係員）無し。盥《かん》室《しつ》（手洗い）に涓滴《けんてき》（ひとしずく）の水無く、W・C（トイレ）、汚穢《おわい》に堪《た》えず、臥室《がしつ》（寝室）中、塵灰《じんかい》（ちりやほこり）飛積するも、人の顧み問うは無し。（然るに車掌）、猶お曰く「倉卒《そうそつ》（あわただしく）に続添《ぞくてん》（増結）すれば、未だ僕を増すに及ばざる也」と。乃ち夜に入るや、（車）の両端の門（出入り口）に鍵をかけ、清晨（夜明け）まで啓《ひら》かず。予等四人及び二学生、二徳人（ドイツ人）、一英人（イギリス人）（即ち長崎領事）、一美国（アメリカ）婦人、尽《ことごと》く此の車中に閉《とじこ》めらる。呼ぶを欲すれども従う無く、出るを欲するも（出る）能《あた》わず、飢うるも食べるを得ず、寒きも火を得ず、猶お「忍耐すべし」と曰う也。倘《も》し不測の災に遇すれば、則ち此の十人の者、将《まさ》に車中に坐死せざらん乎。俄人の優待、此の如し。（日本郵船の）「西京」、「伊勢」二船上の何等の（何とも言いようのない）親切（旅客に対する親身で行き届いた対応）を回憶し、今、此の危境を履《ふ》む。今日の（予等）一行の受害に因《よ》り、念（思い）、他日の故国（中国）の受害に及びて、憤懼《ふんく》（憤激と怖れ）已《や》む無し。外子、学生に命じて切に車掌に告げさすれば、（車掌）、（予等の乗る車に）、始めて鍵せざるを允《ゆる》せり。

**四月二十四日（陽五月二十日）**

睡《ねむ》りて未だ醒めざるに、忽《たちま》ち駐車（停車）して進まず。左右、皆車（列車）にして一つとして見る所無し。但し停車場の壁上の題字を望みて壊乃科甫（ホアイナイコフ）駅なるを知る耳（鄂穆司克（オムスク）と距つること、三百六十唯（ヴェルスト、露里）なり）。六時（六時間）の久しきを歴して始めて復た進む。数里も進まず、又た曠野に駐（停車）す。下車して前望し、来る車（列車）、軌（軌道）を出る（脱線する）こと有るを知る。故に相い待つ、是を久しくせり。又た進み、右側の軌（線路）の下に千百の枕木、累畳《るいじょう》（積み重ね）して以て路基（路肩）を輔（補強）するを見る。小橋の坡（堤）倒《くず》るるも、亦た枕木を累して以て車を承《う》くれば、（車）、勉《どうにか》緩進《かんしん》（徐行）する可し。工人百余、集まりて猶お未だ散らず。（余、是より）、乃ち駐車（停車）の故を識《し》るなり。

昨日以来、移民車を見ざる駅無し。昨午以後、始めて積雪を見ず。鄂穆司克（オムスク）以西、平原の大陸、変じて波形の起伏と為る。河流、舟有りて渡に供し、浮かぶ鴨、春を知らすは、略《やや》江南の風景を見るごとし。車駅の廊下、新しき犁《すき》少なからざるを積む。蓋し（此）、移民の用ゆる所ならん。

# 一四　チェリャビンスクよりズラトゥスト、サマラを経由してモスクワへ

薄暮《はくぼ》、車里雅賓斯克（チェリャビンスク）駅に過（至）る。此、烏拉嶺（ウラル山脈）の東麓を為す。此、西伯利（シベリア）鉄道西端の最終点なり。〔此を過ぐると、即ち烏拉嶺越線（ウラル山越線）に入る〕。停車場、石建（石製）にして広麗《こうれい》（広くて綺麗）、西伯利（シベリア）線の冠を為す。下車して散歩し、頗る烏拉（ウラル）鉄礦製成の細工物を購《か》い、以て記念と為さん、と思う。〔烏拉嶺（ウラル山）上、細工の精品多し、と久しく聞けり〕。乃ち列肆《れっし》（立ち並んだ店）已《すで》に門を閉ずれば、僅かに二粗品を購《か》うのみ。此の駅の傍に極大なる移民廠（移民収容所）一所有り、二千五百人を容《い》るる可くも、屋宇粗拙なり、（この移民廠に）（病人）七十人を容《い》るる病院有り、（又た）、此の廠、教堂、食堂、浴室、洗濯所等をも備う、を先に聞けり。（此の廠）、十年以来、曾て六十万人の境を過ぐる者（移民）を容《い》る。他駅の傍に、亦た此等の廠有り。但し此の駅の（廠）の大に如《し》かず。（予）、極めて往きて観《み》んと擬《ぎ》するも、亦た日暮るるを以て果

たさず。

**四月二十五日（陽五月二十一日）**

向《さき》の例の烏拉嶺（ウラル）に過（至）る、(124) 必ず昼間に在り。此次（今回）は両次（二度）険に遇するにより、遅れて夜間に至る。盛伝の「欧亜《おうあ》分界石碑」、竟《つい》に見るを得ず。〔碑、向《さき》に聞くに、三角塔の形を為し、鉄柵に囲繞《いじょう》さる。一面に「亜細亜（アジア）」と書し、一面に「欧羅巴（ヨーロッパ）」と書す、一八四五年立つ。(125) 道光乙巳《いっし》（道光二五年）に当たる云〕。米雅司（ミヤツス）駅を経過する時、尚お昏暗《こんあん》（暗い）にして辨《わか》つ莫《な》く、僅かに隠約中《いんやくちゅう》（ぼんやりしてはっきりしない状況の中）より松影の蒙密《もうみつ》（暗く込み入る）なるを望見、下に軌間《きかん》の渓流の潺湲《せんえん》（水の流れる音）を聞くのみ。予、生まれて四十六年、今日始めて亜（アジア）より欧（ヨーロッパ）に入る。然りと雖も、福島安正君の言に曰く、「嗚呼《ああ》大地球、元《もと》、渾然《こんぜん》（一体となり）たる一大塊のみ、何ぞ欧亜の別有る可き。人も等しく横目縦鼻《よこめたてはな》、心性の霊、何等《なんら》欧亜の別に従って軒輊《けんち》（優劣）ある無し。ただ異る所の者、語言（言語）と面色（かおいろ）のみ」(126) と。誠に然り。

慈拉特（ズラトゥスト）駅に過（至）るより、山環《めぐ》り水抱《いだ》く。頓《にわか》に佳境に入る。鉱廠林立し、人煙稠密《じんえんちゅうみつ》（人家が多くて密）なり。此より行く二百十二俄里、皆山水の勝処なり。尤も維索伐耶（ウエイソファヤ）より烏斯喀塔夫（ウスハタフ）に至る三十里間、忽《たちま》ち曲折し、忽《たちま》ち開朗（ぱっと開けて明るく広々としている）、傍流《ぼうりゅう》山に倚《よ》り、松を聴き花を看るを以て、尤も佳絶《かぜつ》を為す。日本の国府津《こうづ》・箱根間、之に過ぐる有るも及ばざる無き、を視る。午後、烏発（ウファ）駅に過（至）る。闊葉樹、怒張《どちょう》（勢いよく成長）、蛙声、耳に盈《み》つ。又た是れ一番の景象なり。両傍、耕作（する人）多し。

此の一帯、石油夥《おびただ》しく積む。是より先（以前、以東）、汽車の燃料、十の八、薪を用い、其の二のみ、石炭を用ゆ。此に至り、更に石油をも兼用す。

**四月二十六日（陽五月二十二日）**

今日、車行、薩馬拉（サマラ）河、倭爾噶（ヴォルガ）河の間を迂回す。倭（ヴォルガ河）、裏海（カスピ海）に入る大川を為す。汽船、有名なる浅水船なり。偶《たまたま》之を望見するに、明輪[127]（外輪）、船尾に在り。漢口に在りて曾て宜昌《ぎしょう》に上駛《じょうし》（のぼり進む）する一汽船を見るも、亦た之の如くなりしを憶（記憶）せり。河、一種の魚を産す。子を孕《はら》み極めて肥え、俄人の饌《せん》（食事）に供する珍品を為す。予、外子と偕《とも》に、停車（停車場）に至りて食に就《つ》けば、果たして極めて腴美《ゆび》（肥えてうまい）なり。或いは塩漬けにし遠きに致し、亦た各国の珍《め》づる所となるも、究《つまるところ》、鮮（新鮮）なる者の尤も美《うま》きに如《し》かざる矣。

河流の漲（みなぎりて）漫（おそき）、長堤の断続、舟楫（ふねとかい）と魚籪《ぎょたん》（魚を捕るやな）、一切の景物、極めて江南に似れば、人をして左顧右盼《さこうはん》（あたりを見回す）せしめ、目、給するに暇《いとま》あらず。倭爾噶（ヴォルガ）河濱の薩馬拉（サマラ）駅、有名なる分岐駅を為す。（聞く）、「西南路（西南にすすむ鉄道）、均しく莫斯科（モスクワ）に通ず。南の一路（南に向かう鉄道）、漸く引き、漸く長く（次第に延長されて）、将《まさ》に彼《か》の斜米帕拉庭斯克（セミパラチンスク州）（或いは訳して「七河省」と曰う」に出る、而して（セミパラチンスクより延長して）我（中国）の新《しん》疆北路《きょうほくろ》に入る者、其の裏海（カスピ海）東岸の一路（一鉄道）の已《すで》に引長（延長）して安集延（アンディジャーン、シル河上流左岸の都市、一四—一五世紀以降、カシュガルとの交易で繁栄、コーカンド・ハン国の首都ともなる）に至りて瞬《またたくま》に将《まさ》に我が新疆南路《しんきょうなんろ》に入らんとする者とともに、正《まさ》しく巨蟹《きょかい》（巨大なカニ）右螯《うごう》（右のはさみ）の双鋏《そうきょう》（二本の鋏）の如し。而《しか》も営口[128]の已《すで》に成る路（鉄道）、張家口[129]必造の路（鉄道）とともに、又た巨蟹左螯《きょかいさごう》の双鋏（二本の鋏）の如く、我が北京に向かう云」と。

# 一五　モスクワ見学を経てペテルブルクへ

**四月二十七日（陽五月二十三日）**

一路、繁盛せり。午前九時、都拉（トゥーラ）駅に過（至）る。屋宇整斉、草木も暢茂《ちょうも》（伸び茂る）せり。午後二時、莫斯科（モスクワ）旧都に抵（至）る。外子の友陸君子興（陸徵祥）、遠く森堡（ペテルブルク）より来たりて車側に迎える。外子、一見して欣然（大いに喜ぶ）。蓋し相い別れて十有一年なればならん。車場（モスクワ駅）宏麗《こうれい》（広くて綺麗）。此、長鉄路の終駅（終着駅）たり。再（更に）何地・何国に向かうを論ずる無く、（この駅において）必ず換車する（乗り換える）矣。予等の購《か》う所の切符、森堡に至ると雖も、所謂寝台賃なる者（寝台券）と所謂急行賃なる者（急行券）、此の駅に至りて止《や》む。

陸君、以為《おもえ》らく、予等、即ち、今晩、換車（乗り換え）して森堡に向かうならん、と、故に已《すで》に駅長に嘱《しょく》して車場中に就《つ》きて一室を借辟《しゃくへき》（借り切り）し、予等の時を待つ用と為す。外子、莫斯科（モスクワ）を旧遊地と為す。然れども予等が旧都（モスクワ）の景気（風景や雰囲気）を一覧するを欲す。故に旅館に就《つ》きて留宿（宿泊）し、二日の遊を作《な》すを決意せり。遂に陸君より導かれて一館（ホテル）に至る。館の名、「斯拉夫（スラブ）」なり。俄人、皆「斯拉夫」種族なり。即ち種名を以て旅館名と為す也。陸君、又た、駅長に向かいて「伊爾庫次克（イルクーツク）以西、一等価を以て二等室に坐さしむるは公（公正）ならず」と言う。彼、但「唯々《いい》（おっしゃる通り）」というのみ。俄人、内外上下の情の通ずるを欲さず。故に行政訴訟の法を重んじざるなり。

人民進化の理を論ずれば、草昧《そうまい》（世の開け始めにてなお冥昧の時期）より文明に臻《いた》る、大率《おおむね》五つの順序に分かる。最初（の時代）、飢寒を避くるを除くの外に生活無く、水に遇すれば漁をし、山を渉《わた》れば猟し、肉を食し皮に寝るのみ。所謂狩漁時代なり。久しくして野に獲《う》る者の恒には恃《たの》むに足らざるを知る。是に於いて家畜を牧飼《ぼくし》して食と為す、所謂畜牧（牧畜）時代なり。久しくして徙《うつ》り逐《おい》て定まる無きは、以て恒産を為すに足らざるを知る也。衣食の外に兼ねて居処を謀《はか》り、血肉の外に、兼ねて植物を嗜《たしな》む。是に於いて、土地を耕作する事起こる。所謂農業時代なり。久しくして其の余粟《よぞく》（余った穀物）・余布《よふ》（余剰の衣服）の有無《うむ》を通ずるに不便なるに各《おのおの》の恃《たの》むを知る也。是に於いて、交通・信用の機関を組織し、有無《うむ》互いに済《たすく》るの媒介を為さしむ。所謂商業時代矣。此の時、彼此《ひし》相い通ずれば、智巧、愈《いよいよ》進み、嗜好、亦た愈《いよいよ》繁となる。是に於いて、各《おのおの》智巧を出し、以て製造を精にし、各《おのおの》製造を精にし、以て人の嗜好に投ずれば、更に進みて工業時代となる。此の五時代、各《おのおの》順序有り。初めより一躍して超ゆる可きに非ずして、其の程度の遅速、則ち民智の高下と教育の有無に在り。顧みれば、此、乃ち上下千年の談にして縦横万里の談に非ず。

不意《おもわざりき》、予、三十日中の二万里の間に親しく之を見るとは。海参崴（ウラジオストク）より山を穿《うが》ちて西（西進）し、寧古塔（ニングタ）の境（地）に入れば、此、（清朝）三百年の発祥の地、旧史の所謂「林木中の百姓《ひゃくせい》」、所謂「打牲烏拉（ブトハ・ウラ）」[130]なる者、流風（遺風）、尚お存せり、（此）、所謂狩漁時代に非ざる乎。更に西にすすみて蒙古の境（地）に出、陰山《いんざん》（内モンゴル中部を東西につらなる山脈）の北を経れば、沃土《よくど》（ある）も耕さずして牛、羊、駝（駱駝、ラクダ）、馬、均しく極めて蕃息《はんそく》（繁殖）す。（此）、所謂畜牧（牧畜）時代に非ざる乎。更に西にすすみて西伯利（シベリア）の西境（西シベリア）に入れば、民風朴質にして穀倉に富む、（此）、所謂農業時代に非ざる乎。「其の麦、歳（ごとに）徳（ドイツ）、奥（オーストリア）等の国に輸（輸出）す」。烏拉嶺（ウラル）を越えて莫斯科（モスクワ）を歴するに至れば、交通便にして闤闠《かんかい》（市街）も盛んなり、工業、世界に聞かざると雖も、已《すで》に駸々《しんしん》（馬が疾く進む貌）として商業時代に躋《のぼ》る。安《なんすれ》ぞ再び徳（ドイツ）、法（フランス）、英（イギリス）、美（アメリカ）の諸邦に遵《したが》うを得て、所謂工業時代を一睹（一見）せざらん乎。

庚子《こうし》（一九〇〇年）巴黎（パリ）万国博覧会に所謂亜細亜俄国（アジア・ロシア）出品館なる者有り。中に西伯利（シベリア）鉄道の列車を設く。その入り口の処、莫斯科（モスクワ）の停車場を模擬せり。券を購《か》いて入場すれば、列車の寝台、食堂、読書（学習室）、運動（運動場）、遊技（遊技場）、休息（休息室）、通信（通信室）、祈祷（祈祷室）、澡浴（澡浴室）、医療（医療室）、写真暗室（乗客の為に旅の途中で写真片（写真）を洗（現像）する暗室）等を備に観《つぶさ》る《み》。観ること畢《おわ》れば出口なり。（此）、則ち豁然《かつぜん》（大いに）北京の停車場を模擬して「一車直達」の意を示せり。俄（ロシア）なる耶、中国なる耶、思議（思いはかる）する可からざるなり。此、異邦人の記載する所にして本国（中国）の駐覧する者、一として（一人として）言及せざる也。予、初め、（シベリア鉄道の）列車、必ずや此の如く周備（設備周到）ならんと謂《おも》えり。今、親しく見る者、烏《なんぞ》所謂読書（学習）、運動、遊技、休息、通信、医療、暗室なる者有らん耶。但《ただ》食堂の隅に偶像を懸《か》けて祈祷を為す所を見るのみなり。

**四月二十八日（陽五月二十四日）**

晨（朝）、教堂（教会）の鐘の声（音）を聞く。（鐘声）、遠雷の如く、聚蜂（蜂が聚りて）鳴くが如し。相い伝うるに、此処（当地）の教堂の鋭頂（尖塔）、万を以て数う。東教（東方教会、ロシア正教会）の教堂、其の式様、但に新教（プロテスタント）と異なるのみならず、旧教（カトリック）とも異なる。満州線（満州鉄道）上、（其の）数、已《すで》に百十、屢《しばしば》之を見る矣。〔日本の東京に東教（東方教会、ロシア正教会）教堂一所（ニコライ堂）有り、乃ち維新前に建つる所なり（正しくは維新後の一八八四年に起工し一八九一年に竣工す）。（日本人）、今に至り（これを）失策と追悔《ついかい》（後悔）、指目（手にて指さし、目にて見て）痛憤せり」[131]。俄の意、務《つと》めて人をして宗教を迷信（盲信）せしめんと欲すれば、則ち一切の社会の不発達と蒙《こうむ》るところの政治上の圧迫と損害、悉《ことごと》く（之を）天神の佑《たす》けざるに諉《かこつ》け、行政訴願（行政上の請願）、行政改良の思想を生まざるに、頗る効験《こうけん》（効果）を見る。

博物館に遊ぶ。外子曰く、「此の院の宗旨、其の国の歴史を考（考究）するに在り。風俗、之に次ぐ。故に外国の物無く、亦た天生（天然）の物も無し。又た教（宗教）を以て国を立つ。故に蔵する所、教事（宗教に関する事）と教物（宗教に関係する物）を以て多と為す」と。

画院（美術館）に遊ぶ。懸《か》くる所、万幅（一万幅）なり。油画（油絵）、水画（水彩画）、鉛画（鉛筆画）、皆備う。其の光を絵（描）く技、尤も不可思議なり。光消《ひかりかたど》れば、則ち筆の肖《かたど》らざる無し。且つ能く光に因《よ》りて其の声（音）を肖《かたど》れば、雨、風、泉、石、人物形の神、其の声（音）を聞くに如《し》かざる無し。絵の声（となる）に至りては、技、（いよいよ）絶（絶妙）矣。此、日本、未だ見るに及ばざる所を為す。

育嬰院（乳児院）に遊ぶ。宏大なること、王居（王宮、ツァーリの宮殿）に擬《ぎ》す。峯楼《ほうろう》は五重、復た道闊《どうかつ》（道のひろさ）、丈を尋ね、上海城外の里巷《りこう》（小路）に勝《まさ》る。一広室毎に、略《ほぼ》中国の仕《し》宦《かん》家（役人の家）の大五開間（大きな五間つづきの広間）の如くにして隔断《かくだん》（小さく区切る）はせず。毎室、五十児を栖《す》まし、一媼《おう》（おうな）、二児に乳を飲ませて育てる。床榻《しょうとう》（ベッド）と衾《きん》褥《じょく》（ふすまとしとね）、純白にして潔を取る。治療、洗濯、飲食、事として注意せざる無し。凡そ院に在る者、千六百余児、其の外に寄（預け委ね）して育てしむる者、及び資（資金）を出して親母（生母）をして児に乳を飲ましむる者、計らず（数えきれない）。院中の女の執事（従業員）、百数、皆本《もと》在院の嬰《えい》（嬰児）より長成（成長）する者なれば、其の有効を嘆（感嘆）ぜざる能《あた》わず。末に収嬰所（嬰児収容所）に至る。云うに拠《よ》るに、毎日必ず二十二三より二十八九嬰を収む。（其の）収法（収容法）、先に嬰の旧衣を去り、軟らかな衾《きん》（ふすま）を以て裹《つつ》み、盤中に置きて其の重量を権《はか》る。復た軟らかな邁当《まいとう》（ものさし）を以て其の胸囲、頭囲、身長を度《はか》る。又た肺を験《しら》ぶる寒暖計を以て其の病を有するや否やを一々詳しく記し、並びに其の姓名、住址（住所）、生年月日を記す。〔姓名無き者は送り来る人の姓名と地址を記す〕。畢《おわ》れば、乳を任す媼に命じて抱きて乳室（乳児室）に帰らす。事務秩然なり。院中、下男、門約（門番）を除くの外、皆、婦女、院を主《つかさ》どる。老婦、導観（案内）周指（あまねく行い）して畢《おわ》るや、冊を出して（予に）姓名を注する（記す）を請い、「前に中国婦人の此に来る者未だ有らざりき」と言う。予、西文（欧文）を諳《そら》んぜざれば、漢文（中文）の数語を書するのみ、又た十廬（ルーブル）を捐附（寄付）して出る。

食に就《つ》くは肆《し》（店）名「莫斯科（モスクワ）」なる者の晩餐なりき。此の肆の僕役（ボーイ）、服装、尚仍（依然として）旧式なり。故に往きて一観す。肆、三（脚）の椅（椅子）、三（セット）の刀匕《とうひ》（ナイフとさじ）、及び三（枚）の食皿を存す。云う、「是、昔年（一八九六年）、今の俄皇（ニコライ二世）加冠の時、曾て此の肆に就《つ》きて一餐〔一は太后、用い、二は君后、用ゆ〕せり。故に此を留めて記念と為す」、と。

夜、陸子興、予等を花園（劇場）に邀往《ようおう》（招請）して劇を観《み》さす。此、俄の夏令（夏季）の景象なり。人と獣（順々に）演じ、種々、頤《い》（おとがい）を解《と》く（大笑いする）。

## 四月二十九日（陽五月二十五日）

昨日、既に車を駆《か》けさせて（旧都モスクワの）大概を一覧すれば、今日、更に歩行して一覧せり。此間（この地）、王居（王宮、ツァーリの宮殿）を環《めぐ》らせて城垣（城塞、クレムリン）の形を作《な》す。昔（以前、一八九三年）、外子、莫斯科（モスクワ）より銀画一幅を携えて帰るは、正に此の城（城塞、クレムリン）なり。今、幸いに親しく見る。先に（城内の）大教堂（ウスペンスキー聖堂、ロシア正教会の総本山）に至る。（此）、即ち歴代君后加冠（戴冠）の処なり。（大教堂）四周の黒暗処、皆、教士（モスクワ大司教）の骸棺《がいかん》（あり）。正中（中央）の座下、黒木の長さ数寸の者、「耶蘇《やそ》（イエス）、釘《くぎ》を受けし木なり」と云う。堂（大教堂）を出て旧宮《きゅうきゅう》（大クレムリン宮殿）に入る。広い一室の正中の玻璃《はり》（ガラス）の立つ厨《くりや》の中に、其の君后（ニコライ二世とその皇后）及び太后が加冠（戴冠）式に当たりし時に服せし所の銀鼠《ぎんそ》の氅《しょう》（けごろも）、鑽宝冠《さんほうかん》（ダイヤモンドの宝冠）、教杖等を懸《か》く。外子云う、「昔年、其の父（アレクサンドル三世）の加冠式時の氅《しょう》、冠、杖等を懸《か》く。今、景移りて物も亦た換わる矣」と。室中に列する所の万品、其の歴代君后の遺物多きも、鑽宝《さんぽう》の珍奇と宗教の関わる所の品に非ざる無し。又た歴代各国贈与の品、珍貴にして炫燿《げんよう》（目がまばゆきほどに輝く）なり。中に鞍韂《あんせん》（鞍のしきもの）一具有り。云う、「是、一七八九年に中国の贈る所のものなり」と。工（作品）、固《もと》より華産（中国産）なれば、精細ならざるに非ざるなり。但し各国の贈る所（の者）と較《くら》ぶれば、相形（姿・形）拙《つたな》きを見る。且つ既に帝室の饋贈《きぞう》（贈り物）と為すも、中国の記載に此の事を聞かざるは何なるや。又た一銀製の杯、已《すで》に毀損せり。（此）、其の先帝阿列克三特第三（アレクサンドル三世）轟《ごう》（爆弾で暗殺）されんとするも中《あた》らざりし時の留遺の物たり。

各種の勲章殿をも歴観せり。俄制（ロシアの制度）、一種の勲章あれば、即ち一殿を建つ。（その）頂および四壁、此の種の勲章の式飾、及び曾て此の勲章を受けし者の姓名を絵刻《かいこく》（えがききざむ）するに非ざるは無し。更に其の餐殿、寝殿、読書殿、梳沐殿、咖啡（コーヒー）殿、延見男女賓客殿を観《み》る。〔俄、専制と雖も、臣下を待するに、猶お客礼を用ゆれば、坐を共にし、餐を共にして、跪拝《きはい》を事とせず〕(132)。一柱、一門、一地板、一用具、一絵幅、種々奇富にして、名状す可からず。先に聞く、「各国の宮殿、俄を推して第一の宏富《こうふ》（ひろく裕福）と為す」と。外子、云う、「誠に然り」と。其の先帝大彼得（ピョートル大帝）手製の靴を観《み》るに及べば、碩《せき》大無朋《だいむほう》（相貌すぐれ美徳に富み、朋比（偏って親しみ組みする）の行い無しの意）にして制作も堅朴《けんぼく》なり。又た其の臥《ふ》す所の床褥《しょうじょく》（ベッドや布団）、亦た朴陋《ぼくろう》（素朴で飾り気がない）なり。見る可し、彼の邦、奢侈を崇尚《すうしょう》（重んず）する、乃ち大彼得（ピョートル大帝）以後のことなるを。

又た密楼《みつろう》（秘密の楼閣）有り、曲折して登るに、皇帝と三大教長（大主教）の機事（機密事）

を密議せし処たり〔三教長とは一は莫斯科（モスクワ）、二は畿耶甫（キエフ）、三は森堡（ペテルブルク）の大教長（総主教）なり〕。小梯危楼（小さなはしごや不安定な楼閣）、務《つと》めて曲密を求むれば、当日、政の教に非ざる無きを想い見る。又た一室（を見るに）、寝床（ベッド）と帳褥（寝具）、皆中国の織品なり。拿破侖（ナポレオン）、莫斯科（モスクワ）に入りし時、曾て其の中に寝る云、と聞く。宮（大クレムリン宮）を出て城を循《めぐ》る。九十年前拿破侖（ナポレオン）の兵を統《す》べて攻め入る処を望めば、煙雲蒼茫《えんうんそうぼう》（煙や雲が灰色に覆う）なり。

盛伝（著名）の莫斯科（モスクワ）の「王鐘」（「鐘のツァーリ」、一八世紀に鋳造、高さ六メートル、重さ二〇〇トン、「世界最大の鐘」でありながら一度も鳴らされたことのないことで有名であった）と「王炮」（「大砲のツァーリ」、一六世紀末に鋳造、重さ四〇トン、口径八九〇ミリ、鋳造時には、「世界最大の口径」を誇っていたといわれる）、今、皆親しく見る。炮形（砲形）、直大にして筒の如し。古代の旧式（のもの）なれば、了《いささかも》異とするに足る無し。鐘、已《すで》に砕欠《すいけつ》（くだけて欠処あり）せり〔日本の記載(133)、重量八千六百貫目と云う〕。欠片、地に在り、欠処、人の入るを容《ゆ》るし、拿破侖（ナポレオン）敗退後の俄人記念の作となる。周囲の文字、今の俄文に非ず、乃ち旧日の斯拉夫（スラブ）文字也。

所謂帕薩時（バザー、市《いち》）なる者に遊ぶ、（此）、日本の勧工場を彷彿《ほうふつ》せしむるも、富麗は之に過ぐ。列屋数百、悉《ことごと》く層楼なり。縦横の街衢《がいく》（街路）十数、悉《ことごと》く玻璃《はり》（ガラス）に覆わる。珍異の日用、畢《ことごと》く陳《なら》べられて售を待つ。惜しむらくは、教育用品の出售（販売）されるを見ざるのみ。

絵印（絵の印刷された）端書（はがき）〔即ち明信片〕千百種、售を待つ。托爾斯托（トルストイ）の一肖像を購《か》う。托（トルストイ）、俄国の大名（著名）なる小説家にして、名は欧美（欧米）を震わす。（彼）、一度《ひとたび》病気となるや、欧美（欧米）の起居を電詢《でんじゅん》（見舞いの電報を発）する者、日に百を以て数う。其の重きを世界に見る、（此より）知る可し。著わす所の小説、各種社会の情状を曲肖《きょくしょう》（描写）する多く、最も民智を開啓《かいけい》（ひらく）するに足る。故に俄政府、之を禁ずること甚だ厳し。其の俄境（ロシア領）に（発）行せらるる者、乃ち尋常の筆墨のみ。精撰（精華・秀作）は、則ち外国に（刊）行され、俄境（ロシア国内）に入るるを禁ず。俄廷の托（トルストイ）を待する、極めて酷なり。其の公権（公民権）を剥して教外に擯《しりぞ》く〔擯《ひん》教（破門）〕、人生の莫大なる辱事（屈辱）なり。而《しか》れども、托、（之に）淡然たり〕。徒《いたずら》に各国に欣重され、且つ但に筆墨有るのみならず、また実事無きの故を以て、（俄廷）、之を恨むこと骨に入ると雖も、敢えて殺さざる也。曾て芬蘭人（フィンランド人）より「逃《のが》るる（亡命する）を欲するも、資無し」との苦訴を受く。托（トルストイ）、之を憐《あわ》れむ。日を窮（尽く）し、夜も力《つと》めて、一小説を撰し、其の板権（版権）を售して十万盧布（ルーブル）を得るや、尽《ことごと》く芬蘭人（フィンランド人）の逃《のが》るる（亡命する）を欲する者に畀《あた》え、資に藉《か》りて美洲（アメリカ）に入らしむ。其の豪なるや、此の如し。

芬蘭、本《もと》、瑞典国（スウェーデン）の一部なりき。百年前（一八〇九年）、俄人、之を滅して取る[134]や、例（法規）に照らして種々の苛例（苛酷な規則や禁令）を施す。〔俄、他種の芬蘭の如き、波蘭（ポーランド）の如き、猶太（ユダヤ）の如きを待するに、皆種々不思議なる苛例有る、罄竹《けいちく》尽《つ》くし難し（筆紙に書き尽くし難い）。大意、民智を遏《た》ちて夷滅《いめつ》（死滅）に就《つ》かしめんと欲するに非ざる無し。安《なんぞ》他日、「四三皇にして六五帝なる者」（超人的な指導者）有らざるを知らんや〕。芬蘭人（フィンランド人）、心、死せず、暗《ひそか》に其の自治を行い、暗《ひそか》に其の教育を行う。且つ俄語を学ぶに甘んじず、俄幣を行う（使う）に甘んじず、俄暦に遵《したが》うに甘んじず。而《しか》れども俄の苛例に於いて、究《つい》には逃るる能《あた》わざる也。昔年（以前、一八九〇年代初期）、外子、俄に在り。曽て芬蘭夫婦二人を役使して僕（召使い）と為すも、亦た曽て資を助して美洲（アメリカ）に往かしむ〔壬辰《じんしん》の年（一八九二年）の事なり〕。今、俄例、更に厳し。「出境憑紙《しゅっきょうひょうし》」（渡航許可証）を給するを允《ゆる》さず、且つ種々の苛例を設くる。例に遵《したが》わざる者には、「准婚憑紙《じゅんこんひょうし》」

（婚姻許可証）をも給さず。其れが学校を設くるを禁じて〔俄、高等学校（今日の大学）を設くるも、亦た（フィンランド人に）禁じて入るを准《ゆる》さず〕、其の入仕（仕官）の途を絶つ〔俄官に一（一人の）芬人（フィンランド人）無し〕。武備に在りて、尤も禁（厳し）。又た医院を設くるを強いる〔極めて下等の医生（医師）を選び院（医院）を芬に設けさせ、殺さずして殺すの効を収むる〕、其の智慧を塞《ふさ》ぎ、其の種の嗣（後継者）を絶つを欲するに非ざる無し〔婚嫁を禁ず〕。又た種を他土に留むるを欲さず、故に禁じて出境（出国）せしめず。俄廷の用心、周密と謂う可し。

寓に回《かえ》りて晩餐（をとる）。伊爾庫次克（イルクーック）より西来するに、車上の食品、動物有るも、菜類無し。此、衛生（健康）に宜《よろ》しからず、腸胃（胃腸）病を致し易《やす》し。此（モスクワ）に滞する二日、植物を食するを得る、喜ぶこと甚だし。餐畢《おわ》れば、部署して（座席や役割を定めて）登車（馬車に乗り）、森堡（ペテルブルク）に向かわんとす。八時半、（モスクワの）停車場に赴き、九時半に行く（発車せり）。仍《な》お急行賃（急行料）を加え、又た坐位賃（座席指定料）を加う。云うに拠《よ》るに、「倘《も》し坐位賃を加えざれば、竟《つい》に坐席を得ず云」と。止まるは一宵（一夜）なるに因《よ》り、未だ寝台賃（寝台料）を加えず。宵行（夜行）なれば見る所無し。但し複軌（複線）となるを知る。〔薩馬拉（サマラ）以西、始めて断続の複軌有り、奔薩（ペンザ）

以西、始めて真の複軌となる、其の先、均しく単軌（単線）なり」。又た、坐立（坐すも立つも）、稍《やや》穏やかとなるも、烏発（ウファ）一帯には如《し》かず。軌形の高下、波の如く、左右、平ならず、或いはその差、寸許（一寸ばかり）あらん。此、俄技師の能事（すぐれた能力）にして、他国人の未だ有せざる所也。

**四月三十日（陽五月二十六日）**

此、世界有名なる直線路を為す。亦た俄の造築する最先路（最先端の路線）にして築価最も昂《たか》き路なり。七時半、下車して茶を飲む〔此の車に食堂無し〕。九時半、森堡（ペテルブルク）に抵（至）る。

此の行の路費（旅費）、一人の資、約四百五十盧布（ルーブル）なり。

上海―長崎　船価（一等）二十四元（二等）十八元

長崎―海参崴（ウラジオストク）　船室（一等）四十円（二等）二十四円

海参崴（ウラジオストク）―国境　車価（一等）六盧布四十八戈（コペイカ）（二等）四盧布八十九戈

国境―哈爾賓（ハルビン）　車価（一等）二十一盧布五十戈
（二等）十一盧布五十戈

哈爾賓（ハルビン）―満州里　車価（一等）五十四盧布
（二等）三十三盧布七十五戈

満州里―森堡（ペテルブルク）　車価（一等）百一盧布
（二等）百十三盧布七十戈（急行、寝台を含む）
急行　三十七盧布二十戈
寝台　三十一盧布四十五戈

莫斯科（モスクワ）―森堡（ペテルブルク）　急行（一等）六盧布（二等）五盧布十戈

車行飲食費、行嚢運賃等　百盧布

哈爾賓（ハルビン）より行に瀕する時に当たり、李緝甫《りしゅうほ》言う所の「達尼爾（ダニエル）に托し李宝材に電（打電）して続送、伊爾庫次克（イルクーツク）に至らしむ」は、其の事無きに迄（至）る。想うに達尼爾、必ず緝甫の請う所を面允《めんいん》（表面は受諾）せしも実（実際）には未だ電（打電）せざる也。又た達尼爾謂う所の「行嚢八件、二十日にて到る可し」なる者、計《かぞ》うるに五十四日にして乃ち到る。到りて開き視《み》れば、則ち外子の礼服の花衣（清朝の大臣が着用する絹の礼服。黄金色のうわばみの模様が刺繍されている）一、実地紗（生地の密な絹）の袍《ほう》と套《とう》各一、予の狐皮の礼服一、綿袍一、厚皮の外罩《がいとう》一、計六件、共（合計）価値二百盧布（ルーブル）を失去（消失）せり。物を窃《ぬす》む、俄関（ロシア税関）に恒に有る事なれば、怪《あや》しむに足らざる也。

伊爾庫次克（イルクーツク）以西の納むる所の一等車賃にして坐する所の二等位の事、往返《おうへん》函詢《かんじゅん》（何度も書簡を往復して問い合わ）するも、此（当方）推し彼（ロシア東清鉄道当局）諉《い》する（事にかこつけて責任逃れする）に非ざる無し。（その後）陸子興（陸徴祥）、（外子に代わりて）ロシアの道路部〔略《ほぼ》日本の逓信省の如し〕に向かいて此の事を面陳《めんちん》（出向いて口頭で交渉）す。（道路部）、半年を歴し、始めて九十余盧布（ルーブル）を送来せり。而《しか》れども郵局（郵便局）、又た（送料として）三盧（ルーブル）余を扣去《こうきょ》（控除）せり。

（完）

# 訳者註

(1) 銭単士釐の生い立ちと代表作『癸卯旅行記』については、本書「解説」を参照されたい。

(2) 句とは文章の意味の完成した読み切りのところをいい、読とは文章の意味の完成していない息つぎのところをいう。

(3) 銭恂は、字は念劬《ねんく》、浙江省呉興の人。生年は一八五三年、没年は一九二七年。父の振常は挙人。礼部主事などに任じ、晩年には紹興や揚州、蘇州などの書院の山長となった。銭恂は伝統的な学問と西学の双方に通じ、一八八四年、李鴻章の幕僚であった薛福成《せつふくせい》が浙江省の寧紹台道の任にあった時に、その門人となった。当時薛福成の門下には寧波洋務局の委員に起用されていた李圭《りけい》や『光緒通商表』の最初の編者楊楷、二〇世紀初頭に駐露公使となった浙江省湖州府出身の胡惟徳《こいとく》などがおり、銭恂はこれらの人物と当時の中国の直面する対外問題への対応策を議論するなかで外交官として活動するのに必要な知識と技能を身につけていった。一八九〇年に薛福成が駐英（イギリス）・法（フランス）・意（イタリア）・比（ベルギー）四国公使となると、彼は薛の「随員」に起用されて渡欧した。一八九一年、許景澄《きょけいちょう》が駐徳（ドイツ）・奥（オーストリア）・荷（オランダ）・俄（ロシア）四国公使となると、彼は許の「参賛」（二等書記官）に転じてベルリンとペテルブルクに駐在、一八九三年にロシアへの強い警戒心を抱いて帰国する。一八九四年、駐英・法・意・比四国公使龔照瑗《きょうしょうえん》の「参賛」として再度渡欧したが日清戦争直後の一八九五年八月に湖広総督張之洞《ちょうしどう》の要請に従って帰国、張が湖北省で推進していた「自強新政」のブレーンの一人となった。銭が張之洞の軍隊の「洋操提調（洋式訓練の責任者）」に起用されドイツ式の「自強新軍」の建設に尽力したのは、この時期のことである。一八九七年末に、日本陸軍の参謀次長川上操六の命を受けた陸軍大佐神尾光臣らが湖北の武昌を訪問して張之洞の部下に「日清英提携論」を説くと、銭はこれに共鳴、張に対して湖北省が率先して留学生を日本に派遣するよう提言する。一八九九年、銭は湖北省留学生派遣の事前準備のため初めて訪日、同年、単士釐も四人の子供をつれて訪日した。単士釐は東京で銭とともに居を構え、近代化の進む日本で新たな生活を始める。この年、銭恂は湖北省留学生に対する日本側の受け入れ体制が整うのを確認していったん中国に戻る。翌一九〇〇年、銭は湖北省留学生監督に任ぜられ、同省の日本留学生十数名を引率して再度日本を訪れた。しかし、この年には義和団事件が起こり、北京の宮廷で守旧派の影響力が強まって清朝政府が列強に対して開戦を宣言するという重大な事態に発展する。銭はこの中国の亡国の危機のなかで東京において張之洞の新政府樹立の野望に対する日本政府の意向を探る工作に没頭するとともに、中国の駐日公使李盛鐸《りせいたく》の活動を補佐して中国東南諸省の督撫(地方長官)と列強との間に戦闘を回避させる「互保」の協定(「東南互保」)を成立させるのにも一役買う。こうした一九〇〇年と一九〇一年における銭の東京における活動については、孔祥吉(馮青訳)の「義和団時期の張之洞の帝王志向」(『中国研究月報』六一一六、二〇〇七年六月)と高木理久夫編前掲「銭恂年譜」が貴重な事実を解明している。

(4) 銭恂の二人の子、即ち長子稲孫《とうそん》(一八八七—一九六六)と次子穟孫《すいそん》(一八九〇—一九三六)をいう。両名の経歴については本書「解説」を参照されたい。

(5) 銭恂の長子銭稲孫の夫人包豊保(豊子、豊侏)は訪日後、下田歌子創立の実践女学校の留学生となった。包豊保は訪日二年目の一九〇二年に銭恂ならびに単士釐を通じて下田歌子の実践女学校に入学、中国の女子で最初に日本の女学校を卒業した二人の留学生の一人となった。包豊保が実践女学校で学んだのは一九〇二年四月から一九〇四年七月一六日までである。包豊保は「良妻賢母の養成」をモットーとしていた実践女学校で学んだが、銭恂と単士釐がロシアに向けて離日した直後に日本留学中の中国人学生の組織した「拒俄」運動（ロシア軍が義和団事件中に占領していた満州より本国へ撤退するよう要求した一九〇三年の中国留日学生の運動）には、下田歌子や夫の両親の指示に従わずに積極的に参加していた。その後、彼女は銭稲孫との間に相継いで誕生した子供の養育に専念し、政治活動や社会運動などで目立った活動をしていない。この包豊保に言及した先行研究には黄福慶『清末留日学生』（中央研究院近代史研究所、一九七五年）、山崎朋子『アジア女性交流史』（筑摩書房、一九九五年）、周一川『中国人女性の日本留学史研究』（国書刊行会、二〇〇〇年）、谷川栄子「『癸卯旅行記』に見られる銭単士釐の女性観」（『国際関係研究』（日本大学）二三―四、二〇〇二年二月）、蕭燕婉「単士釐と日本――『受茲室詩稿』と『癸卯旅行記』をめぐって」（『九州中国学会報』四五、二〇〇七年）などがある。

（6）註（3）に同じ。

（7）正しくは内国勧業博覧会という。勧業博覧会は明治政府の殖産興業政策の一環として五回開催された。最初の三回は一八七七年、一八八一年、一八九〇年にいずれも東京の上野公園で開催され、第四回は一八九五年に京都の岡崎公園で、第五回は一九〇三年に大阪の天王寺公園で開催された。これらのうち会場の敷地、経費、出品点数、出品人数、授賞者数、来館者数のいずれにおいても最大となったのは、第五回内国勧業博覧会であった。

（8）一九世紀中葉に欧米で始まった万国博覧会への中国と日本の対応は二〇世紀初頭まで大きく異なっていた。この点については拙著『近代中国と西洋国際社会』（汲古書院、二〇〇七年）第一章に詳しい。

（9）中国の留学生は、福建省の出品が下関条約で日本領となった台湾のコーナー（台湾館）に陳列されているのは中国の体面を損ねるとして、それらを湖北省のコーナーに移すよう博覧会当局に要求していた。彼らが湖北省のコーナーを福建省の出品の移転先とするように要求したのは、この博覧会に参加していた中国の六つの省のなかで湖北省が日本と最も親密で日本政府に対する発言力も最もあると見なしていたからである。博覧会当局はこの中国の留学生の要求を受け入れて福建省出品の展示コーナーの問題を穏便に処理している。

（10）清朝の皇族でこの博覧会を視察した代表的な人物は慶親王奕劻《えききょう》の長子載振《さいしん》である。彼は博覧会の前年にイギリス国王エドワード七世の戴冠式出席のため訪英、その帰路に日本に立ち寄って帰国、翌一九〇三年に再度訪日、同年四月一九日にこの博覧会を視察している。彼の訪日と大阪の内国勧業博覧会視察は「商務」重視に転換していた義和団後の清朝政府の意向を反映していた。

（11）京都御所のことを指している。

（12）松方正義の三男。欧米に留学しアメリカのイエール大学やフランスのソルボンヌ大学で学ぶ。帰国後新聞事業に従事したのち、一八九六年に川崎造船所の初代社長に就任、以後神戸を拠点として長く実業家として活躍した。「松方コレクション」として名高い美術品の収集家としても知られている。

(13) 銭恂は一九〇〇年以来、「湖北省留学生監督」の地位にあったが、留学生を引率して日本に赴く時期には義和団事件により清朝政府が崩壊の危機に陥っていたため、湖広総督張之洞から「湖北省留学生監督」としての任務外の重い使命を課せられていた。八カ国連合軍が義和団制圧下の北京に迫り、西太后と光緒帝が西安に逃れるという激動の局面に直面して、一時清朝政府から自立して南京に新政府を樹立しようとする野望を抱いた張之洞より、銭恂は東京で日本政府の首脳や日本陸軍の有力者に張之洞への支援を極秘裏に取り付けるよう厳しく求められていたのである。銭がそれを果たすのは至難のことであった。この時に東京で苦渋の日々を過ごした銭恂は、義和団事件終結後に湖北省当局と絶縁、以後、日本の政府首脳や軍当局とも距離をおいて、時局の推移を「静観」するようになる。「時局との関わりを避ける」という銭恂についてのこの単士釐の発言の背景には、以上のような義和団時期の張之洞と銭恂との隠された関係があった。湖北省当局との関係を絶った銭恂はそれまで兼務していた「湖北省留学生監督」と清朝政府の「駐日商務監督」という二つのポストのうち後者のみを保持して引き続き日本に滞在していた。なお義和団時期の張之洞と銭恂との関係については、孔祥吉(馮青訳)の前掲論文「義和団時期の張之洞の帝王志向——宇都宮太郎日記を手がかりとして」(『中国研究月報』六一—六、二〇〇七年六月)と前掲高木理久夫編「銭恂年譜」を参照。

(14) 一八九五年三月から四月にかけて日本と中国(清朝)の全権による講和会議が開催された下関の

割烹旅館。関門海峡と対岸の門司が一望できる地にある。ここで講和条約を協議した中国の全権は李鴻章と李経方、伍廷芳、日本の全権は伊藤博文と陸奥宗光である。

(15) 李蘭舟は一八六三年に上海に生まれ、一九二六年に死去。一八八六年から一八九三年まで劉瑞芬《りゅうずいふん》、洪鈞《こうきん》、許景澄《きょけいちょう》の三人の駐俄(ロシア)公使に従ってペテルブルクの中国公使館に勤務し、ロシア語の修得とロシア事情の研究に励んだ。その間、ペテルブルクの公使館で同僚として行動を共にしていた銭恂、陸徴祥の両人と親交を結ぶ。一八九三年、三頭立てのボロ馬車で陸路による帰国の途につく。シベリアを横断してイルクーツクに進み、そこから北上してシルカ河流域に到達、ついでアムール河の流れに沿って進んでハバロフスクに至り、そこからロシア極東の要地ウラジオストクを経て中国に戻った。翌年、日清戦争が起こると、彼は北洋防衛の重責を担う李鴻章とその側近天津海関道盛宣懐《せいせんかい》の密命を受けてウラジオストクに赴き、そこで密かにロシア側の動きを探る。この時、清朝当局より「中国礦務幇辦《ほうべん》」という官銜(官としての肩書)を与えられてウラジオストクでロシアの沿アムール総督ドゥホフスコイや沿海州軍務知事ウンテルベルゲルなどと接触、ロシア軍の介入の可能性などについての情報の入手につとめた。一八九六年、「北洋俄文翻訳」として天津の俄文館に奉職、翌一八九七年、ウラジオストクに貿易事務所(商務署)を開設したいという中国政府の年来の要求にロシアがようやく同意すると、その初代の長官(商務委員)に任命される。銭恂がロシアから帰国してからはじめてこの人物と再会できたのは、この日記に記されている一九〇三年の三月二三日のことであった。

(16) ロシア政府はウラジオストクがロシア極東の軍港であることを理由として欧米諸国や日本に対して領事の派遣を許さず、僅かに貿易事務所の開設と貿易事務官の駐在をアメリカと日本に許すにすぎなかった(ただし、ヨーロッパの強国ドイツに対しては「名誉領事」の派遣を許容する)。中国は一八八五年以来ロシアにウラジオストクへの貿易事務官(商務委員)の派遣を認めるように要求していたが、露清両国が互いに急接近していた一八九七年に至って、ロシア政府は中国(清朝)によるウラジオストクへの貿易事務官の派遣を初めて承認した。

(17) この間の事情を知るのに最も重要な中国側の史料は『清季外交史料』巻一二五所収の光緒二十三年三月二十八日付総理衙門の片奏「総署奏海参崴設商務委員請派李家鏊充任片」である。以下、その全文を書き下し文にして提示しておく。

奕訢《えききん》(恭親王奕訢)等、片(片奏す)。　再(追伸)　咸豊八年(正しくは咸豊十年 一八六〇年)中俄条約第八条内に称す、俄国、通商の処を以て領事官を設立、以て商人を管理し並びに事端を含混《がんこん》(曖昧)にするを予防するに便ず可し。伊犂(イリ)、塔爾巴哈臺(タルバガタイ)の二処を除くの外、即ち喀什葛爾(カシュガル)、庫倫(クーロン)に在りて領事官を設立すべし。中国、若《も》し俄羅斯(ロシア)の京城(ペテルブルク)及び別処に領事官を設立するを欲すれば、亦た中国の便を聴《ゆる》す、等の語を。臣等査するに、泰西の通例、凡そ有約往来の国、各《おのおの》互いに領事を設け、以て其の本国寄寓の人民を管轄するを得る。中国、英・美(アメリカ)・日本所属の商埠にして凡そ華民の有る処に於いては、均しく領事を設立する有年なり。

惟《た》だ東三省に毘連《ひれん》（隣接）する俄境の海蘭泡（ブラゴヴェシチェンスク）、海参崴（ウラジオストク）の各処、旗丁・客籍の疆を出で謀食する人の数、孔《はなはだ》多し。華官の之が為に保護する無ければ、未だ良莠《りょうゆう》（善人と悪人）分かたず、疾痛告ぐる無きを免れず。臣衙門、曾て俄使の吐魯番（トルファン）領事を烏魯木斉（ウルムチ）に移すの請を有するに因《よ》り、光緒十一年（一八八五年）に於いて俄使（ロシア公使）に照会、海蘭泡（ブラゴヴェシチェンスク）、海参崴（ウラジオストク）二処の領事を設くるを商（協議）せんとせり。該使、詞を外部（ロシア外相）に藉《か》りて遷延し懸宕《けんとう》（懸案として未解決のままとする）、未だ覆回《ふっかい》（返答）せずに迄《いた》る。近年、吐魯番（トルファン）領事、已《すで》に其の烏城（ウルムチ）に移駐せり。臣等、睦誼日に親しく、交渉亦た日に煩瑣を増すを以て、因《よ》りて復《ま》た海参崴（ウラジオストク）に必ず応《まさ》に早く領事を設け、以て鈐束《きんそく》（管理）に資すべきとなし、向《さき》に俄署使（ロシア駐華代理公使）巴布羅福（パブロフ）と商（協議）し、再び（更に）出使大臣（ロシア駐在中国公使）許景澄に属（委嘱）して俄外部（ロシア外相）に就きて之を議せしむ。該署使謂う「海参崴、礮臺（砲台）を有する処に係わる。俄例（ロシアの国法）、向《さき》に各国が領事を設立するを准《ゆる》さず。但し徳国（ドイツ）、日本の例に照らして商務委員（貿易事務官）を設くるは可ならん」と。（ここで「ドイツ、日本」というのは「ドイツ、アメリカ、日本」の誤記。ドイツは一八六四年よりウラジオストクに進出していたハンブルクの企業クンスト・アリベルス社の支配人を名誉領事に任命していたが貿易事務官とはしていない）。旋《つ》いで許景澄の電覆《でんふく》（返電）を准《ゆる》すに「俄外部、我が商務委員を設くるを允《ゆる》す」と。巴布羅福（パブロフ）亦た照会を来たらしめて称するに、「若《も》し商務委員を設けて領事の習気に沾染《せんせん》（そまる）せざれば、本国自ずから滞礙《たいがい》（妨害）する無し」等の語あり。臣等査するに、海参崴、近年、華民麕聚《きんしゅう》（ぞくぞく集まる）し、喧賓《けんひん》（やかましい客人）、主を奪う。俄人、亦た撫駁《ぶばく》（管理と制御）の方に窮す。彼の我が商務委員を設くるを允《ゆる》すは、領事の名を明蕲《めいき》（明確に願い求む）すると雖も、未だ嘗て我が領事の実に能《よ》く任ずるを冀《ねが》うを隠さざるとせず。既に此の口（港）に於いて端を開けば、将来、海蘭泡（ブラゴヴェシチェンスク）、伯利（ハバロフスク）、廟児（ニコラエフスク）、摩闊崴（ポシェト）等処、或いは逐漸委員を増設するか、或いは即ち該委員をして相機（機をみて）兼領せしむれば、商務と辺情、両《ふたつながら》裨助に資さん。惟《た》だ開辦伊《これ》に始まれば、必ず洋務に熟諳《じゅくあん》（精通）する人員を得て始めて任に堪えて勝つ。査するに北洋俄文繙訳官・候選知県李家鏊《りかごう》、穏練強幹にして俄情（ロシアの国情）を洞悉《どうしつ》（よく知る）する有り。曾て劉瑞芬《りゅうずいふん》、洪鈞《こうきん》、許景澄《きょけいちょう》に随いて久しく俄都（ロシアの首都）に駐す。帰る時、西伯利（シベリア）由《よ》り海参崴（ウラジオストク）等処を游歴すれば、各該処の風土、民情に於いて瞭なる（よく理解している）こと掌を指すが如し。現、札調《さっちょう》（本衙門よりの召喚）を経て来京せり。即ちに派して海参崴商務委員と為し、臣衙門由《よ》り関防《かんぼう》（官印）を刊給（発給）し、飭して前往せしめんと擬す。如《も》し兪允《ゆいん》（批准）を蒙《こうむ》れば、有する所の開辦章程及び長年経費は臣衙門由《よ》り向章《こうしょう》（既往の章程）を査照して酌辦す。謹みて奏す。光緒二十三年三月二十八日。

「硃批を奉ず、議に依れ」と。

(18) 銭幼楞は中国最初の士官日本留学生。一八九八年一月、銭恂は張之洞にはじめて日本への留学生派遣の必要を説いた時に、自分の従弟の幼楞を神尾光臣に託して中国最初の士官日本留学生として訪日させた。しかし幼楞は日本で健康を損ない学業半ばにして帰国している。なお、中国人の最初の日本留学生については諸説があるが、一般には日清戦争直後の一八九六年に中国の駐日公使裕庚《ゆうこう》が、当時の日本の外務大臣で文部大臣をも兼任していた西園寺公望を通して東京高等師範学校長嘉納治五郎に中国人青年一三人の教育を依頼したのがはじまりである、とされている。単士釐と銭恂の説明はこの説と一致しないが、日本の士官学校への中国の士官候補生の留学が銭恂の提議により実現したことは事実であったと思われる。

(19) 父は諏訪藩士神尾平三郎。一八七四年に陸軍教導団に入る。若年より中国問題に関係し、陸軍内で有数の「中国通」といわれた。日清戦争、義和団事件、日露戦争などで戦功を重ね、一九一五年には陸軍大将となる。士官学校を経ずに大将にまで昇進した数少ない軍人としても、また有島武郎の妻安子の父としても、知られている。

(20) 容閎《ようこう》のアメリカ留学生派遣構想に賛同して曾国藩と李鴻章が清朝政府に具申して実現させた中国最初のアメリカ留学生派遣事業については、百瀬弘訳註、坂野正高解説『西学東漸記——容閎自伝』(平凡社、東洋文庫一三六、一九六九年)と拙著『近代中国と西洋国際社会』(汲古書院、二〇〇七年)の第二章・第三章を参照。

(21) 沈葆楨《しんほてい》が推進した中国最初のイギリス・フランス両国への留学生派遣事業については、マリアンヌ・バスチド（島田虔次・長部悦弘訳）「清末のヨーロッパへの留学生たち――福州船政局の近代技術導入をめぐって」（『東亜』二一三、一九八五年三月）を参照。

(22)　上海で最も早期に創立された中国人経営の女学校。「温、誠、勤、朴」を校訓とし「良妻賢母」主義の女子教育を行っていた。設立者の呉懐疚《ごかいきゅう》は、一八九九年に日本で創設された実践女学校とその創設者下田歌子の活動に注目していた人物。「中国の女子教育は東洋人のみによって行わなければならない」との思いを抱いていた呉は、一九〇二年、務本女学堂《むほんじょがくどう》に日本人女教師を迎えようとして日本で女子教育に成果をあげている下田歌子に協力を要請、下田はこれに応えて横浜大同学校の女教師河原操子《かわはらみさこ》を推挙した。同年八月、河原操子は上海に行き、務本女学堂の教習（教師）となる。務本女学堂の創立当初の生徒は四五人、その多くは上流家庭の出身であった。教習は合わせて九人、そのうち八人は中国人男性で、残りの一人が日本人女性河原操子であった。河原はこの女学堂で日本語、算術、図画を担当した。生徒の年齢や学力はまちまちであったが、中国人女性の教育に尽力する河原の行動に心を動かされて、生徒は皆河原を慕い、河原のすることを学び取ろうとするようになる。務本女学堂の生徒数は開業の半年後には一〇〇名を越え、この女学堂に対する社会の評価も高くなった。務本女学堂の成功に刺激されて、以後、上海をはじめとする中国の各都市で、中国人の手により、「東洋人のみを教習とする女学堂」があいついで開設されるようになる。

(23)　明治から昭和前期にかけて活動した女性教育者。一八七五年、信州の松本に生まれる。松本藩の藩儒であった河原忠《かわはらちゅう》の一人娘。父は単士釐が心酔していた日本陸軍歩兵中佐福島安正の親友。河原操子は幼時より父に教育の重要性と日中両国の友好の必要性とを説き聞かされて「中国で中国人の女生徒を教育する教師になる」という志を抱く。長野師範女子部卒業後、小学校の教師を経て一八九六年に東京女子高等師範学校に進学したが病気で中退、長野県立長野高等女学校の教諭となる。一九〇〇年の夏、女性の国家的自覚の必要を説く実践女学校長下田歌子が信濃毎日新聞社を訪れて講演した時に、河原は「中国の女子教育に従事したい」との年来の願望を下田に訴える。同年九月、下田に推挙されて横浜の中国人子女の教育と中国人留学生の予備教育のための学校横浜大同学校（名誉校長は犬養毅《いぬかいつよし》、留学生監督は銭恂）に赴任、同校最初の日本人女教師となる。当時、中国の東三省（満州）と朝鮮をめぐる日露両国の対立が深まる中で彼女の中国への思いはつのるばかりであった。一九〇二年八月、河原は再び下田歌子に推薦されて上海県城内に創設された中国最初の女学校務本女学堂《むほんじょがくどう》の日本人女教師として赴任、不潔で悪臭に満ちた県城内で生活して中国人女生徒に対する教育に熱心に取り組んだ。翌一九〇三年にはロシアが日本と開戦することへの危機感を強めて、モンゴルで女子教育に携わりつつロシアの後方を攪乱するという新たな任務を引き受ける。同年一二月、彼女は同郷出身の大陸浪人川島浪速《かわしまなにわ》や上海総領事小田切萬壽之助《おだぎりますのすけ》、中国駐在日本公使内田康哉《うちだこうさい》等に激励されて上海より北京経由で内モンゴルのカラチン王府に赴く。以後、河原は日露戦争が終結するまでカラチン王府において教師兼教育顧問としてモンゴル人女性への教育に励むとともに、モンゴルにおける親日勢力の育成と対露諜報活動の遂行という特別の任務に従事した。清朝皇族中の親日派粛親王善耆《しゅくしんのうぜんき》の妹を妃としていたカラチン王コンサンノールシーは粛親王善耆の影響の下で日本側の働きかけに同調していたため、河原はカラチン王と王妃の庇護を得てモンゴルでの危険な秘密任務をも遂行することができた。日露戦争終結の一年後、河原は内モンゴルより帰国して横浜正金銀行ニューヨーク支店副支配人一宮鈴太郎と結婚、一九〇八年には日露戦争での「軍事上の功労」により叙勲を受けた。結婚後には一三年間ニューヨークで生活して一九二一年に帰国、一九四五年三月に死去している。河原操子に関する参考文献には本人の著書『カラチン王妃と私――モンゴル民族の心に生きた女性教師』（実業之日本社より一九〇九年に『蒙古土産』の書名で刊行、一九六九年に芙蓉書房より表記の書名で復刻）と河原の友人福島貞子の著書『日露戦争秘史中の河原操子』（婦女新聞社、一九三五年。一九九二年に大空社より復刻）、山崎朋子前掲書第三章と第四章などがある。なお単士釐はロシアへの旅に出る約半年前（一九〇二年）には上海の務本女学堂の河原操子を訪問していた。これは単士釐が東京で下田歌子などより河原操子という日本人女性が上海の務本女学堂で唯一の女教師として中国の女生徒の教育に従事していることを知らされたためであろう。我が国には務本女学についての専論は皆無に近かったが近年杉本史子の論文「辛亥革命期の湯国梨と務本女塾――女性教員、女性運動家として」（『立命館文学』六〇八、二〇〇八年一二月）が発表されている。

(24) 一八六〇年代に幕府派遣の千歳丸《せんざいまる》で上海を訪れた日本人や、渡欧の途上もしくは欧米からの帰国の途上で上海に立ち寄った日本人は、すでにこうした上海の県城内の混乱と不潔について、例外なくその旅行記で論じていた。これらの幕末の日本人の上海観については佐藤三郎『近代日中交渉史の研究』（吉川弘文館、一九八四年）や小島晋治『近代日中関係史断章』（岩波現代文庫、二〇〇八年）な

かりとして』」（『ロシア史研究』七六、二〇〇五年）と左近幸村「露中国境自由貿易地帯――その廃止を巡って」（『ロシア史研究』七七、二〇〇五年）などの論考が、その代表である。

(72) 一サージェンは一ヴェルストの五〇〇分の一、即ち二・一三四メートルである。

(73) 南ロシア、ウクライナ、中央アジア、シベリア、極東などに配置されて辺境防衛や植民・開拓などに寄与したロシアの戦士集団。その名称は「放浪者」、「冒険者」を意味するトルコ語に由来する。ロシアの南東辺境を防衛するために編成されたトルコ系の戦士集団と、貴族・地主の圧制からの自由を求めたロシアの逃亡農民の集団などがその起源であるとされている。騎馬にすぐれ独自の自治的組織を有する独立不羈の戦士集団であったが、一八世紀後半以降、ロシア政府の統制下に置かれ、一九世紀後半から二〇世紀初頭には、「辺境警備と開拓という二重の目的のため、南東部と東部に配備されていた軍役と農業・牧畜を担う農村身分」（原暉之前掲書一六四頁）となっていた。ロシア極東では中国と沿海州、アムール州、ザバイカル州との国境線沿いにこのコサック兵の村落が帯状をなして分布し、東清鉄道の防衛や国境警備などの任に当たっていた。

(74) 沙爾虎達とも表記、順治九年（一六五二年）より順治一六年（一六五九年）まで対ロシア作戦を指揮して松花江口でロシア軍を敗北させた人物。ニングタ都統は一六七六年に松花江畔の都城吉林に移駐、一七五七年以後には吉林将軍と改称される。ニングタ都統（シャルフダ）の対ロシア戦における勝利と彼の後継者の活動については、楊合義「清代東三省開発の先駆者――流人」（『東洋史研究』三二―三、一九七三年、所収）、と杉山清彦「大清帝国のマンチュリア統治と帝国統合の構造」（左近幸村編著『近代東北アジアの誕生——跨境史への試み』北海道大学出版会、二〇〇八年、所収）等を参照。

(75) 呉兆騫は清初の浙江省の挙人。一六五八年に江南における郷試の不正事件に連座して流刑に処せられ、家族を伴って北満のニングタに流される。『秋笳集』は彼が流刑地で記した詩文を集めた著作。一七世紀後半のニングタの事情を知るのに有益である。子の呉振臣は父に従って幼少期からニングタで生活した。振臣はニングタで見聞したことを記録して一七二一年に『寧古塔紀略』を刊行した。この見聞録は康熙年間のニングタの政治や習俗、そこに侵攻したロシア軍の動きなどを知るのに役立つ。

(76) ロシア人が「東方の新都」と呼んで誇示していたハルビンは、一八九七年八月に東清鉄道の建設工事が始まってからにわかに出現した新興都市であった。一九〇三年八月二日（光緒二九年六月一〇日）に吉林将軍長順と吉林副都統成勲が連名で提出した上奏文「哈爾賓鉄路公司劃還地基請帰交渉局勘放摺」はこのハルビン興隆時の特異な状況を次のように叙述する。

窃かに照するに、哈爾濱地方、阿勒楚喀（アルチュカ）、拉林《らりん》、雙城の間に界在して松花江に緊靠《きんこう》（隣合う）せり。未だ鉄路を興造するを経ざる以前には、荒江寥落《りょうらく》（ひっそりして寂しい地）の一片の寒沙、人の過問する鮮《すくな》し。偶《たまたま》漁（漁師）の釣する者、流れて前《すす》み往き、茅を誅し草を芟《と》りて窩棚《わほう》（臨時の掘建て小屋）を蓋搭する（くみたてる）も、亦た均しく私自佔墾《しじせんこん》（私的に開墾）するに係わり、並（決し）て未だ官に向かい呈明領照《ていめいりょうしょう》（登録手続）せざるは、案有り。光緒二十二年（一八九六年）に鉄路（東清鉄道）を創修するに迨《およ》びて、該処、遂に火車（汽車）の中国三路（東清鉄道満州東線と同満州西線、同南部支線の三鉄道）に入る総匯之区《そうかいのく》（中心地）と為る。今に迄《いた》り輪軌（列車と線路）交《こもごも》騒ぎ、商賈《しょうこ》（商人）の輻輳《ふくそう》（群がり集まる）、市《し》肆《し》（市や店舗）の繁富、日に盛んなること一日、特《ただ》に俄人の彼に在りて機廠《きしょう》（織物工場）、兵房（兵営）、貨桟《かさん》（倉庫）、住寓を修建するのみならず、即ち中国人民の此に貿易する者、亦た廛《てん》（店）を受け氓（民）と為るを願えば、地利尽《ことごと》く闢《ひら》き、曠土《こうど》（荒れ果てた空地）毫も無し。故に鉄路公司（東清鉄道会社）の佔用する所の地段（区画）、一再（くり返し）展拓（拡張）、幾《ほと》ど全境を挙げて彼の有する所と為さんと欲せり。雙城界内の傅家店《ふかてん》、四家子等の処の如きは、上年（去年）、該公司、亦た界内（鉄道付属地）に圏入せんと擬す。（吉林省）交渉局員、之（鉄路公司）と理に拠《よ》りて相い争い、力を竭《つく》して磋商《さしょう》（協議）するを経て、始めて劃還《かくかん》（区分して返還する）を允《ゆる》す。当時、亦た一人の執《と》りて産業（資産）と為し以て詰難《きつなん》（詰問）に向かう者有るを聞かざるも、乃ち事後に於いては、竟《つい》に無知の旗民人（旗人と民人）等、地価の増漲（高騰）、図る可き利有るに因《よ》り、輒《すなわ》ち故《ことさら》に私佔の地を以て拠《よ》りて己《おのれ》の有と為す有り。並びに洋人と勾串《こうせん》（結託）して私に重値を得て售売し、竟《つい》に章に照らして局（交渉局）に赴き文契（売買契約書）を呈明せざる有り。覬覦《きゆ》（望んではいけないことを望む）の紛争と弊難、究詰《きゅうきつ》（追求し尋問する）して洋人の計図・侵越、更に防がんとするも、防ぐに勝《た》えず。現、餉需《しょうじゅ》（軍事費）支絀《しちゅつ》（不足）し籌措《ちゅうそ》（工面して調達する）維艱《これかん》（困難）に値《あ》えば、有する所の此項の劃還の地基及び哈爾濱総車站（ハルビン総駅）に切近（隣接）せる界外（鉄道付属地外）の荒段（荒地）、自ずから応《まさ》に一律に交渉局に帰して清丈勘放《せいじょうかんほう》（土地の広さ測量・調査）せしむべし。庶（願わくは）荒価（荒地の代価）を酌収して稍《やや》餉源を裕《ゆたか》にし、且つ外人の侵越を杜《と》ざして事権（事を処理する権力）を一に帰す可きを矣。謹みて奏す。光緒二十九年六月初十日。（『清季外交史料』巻一七三、一二―一三頁）

(77) ダニエルは、東清鉄道総監工（技士長）ユーゴヴィッチら東清鉄道建設局の本隊と共に一八九八年五月にハルビンに来、そこに設置された東清鉄道建設局の幹部の一人となった人物である。この人物は、東清鉄道の建設工事が実際に行われていた一八九八年五月から一九〇三年六月末日までの時期には、建設局長兼総監工ユーゴヴィッチの「代辦」（全権代理人）として、ハルビンにおいて吉林・黒竜江・奉天各省の将軍との間で鉄道建設に関連する様々な問題について交渉、多くの協定を成立させた。一九〇一年七月一八日にハルビンで吉林将軍長順との間で締結した「東支鉄道地帯ニ於ケル支那国臣民ノ裁判管轄ニ関スル露支（東支鉄道ト吉林将軍）ノ協定」はその一例である。建設工事が完成すると、一九〇三年七月一日、東清鉄道は建設局から管理局の手に移されて正式に営業を開始した。ユーゴヴィッチは任務を終えて帰国、東清鉄道の管理局長にはウスリー鉄道管理局長のホルヴァート大佐が起用された。以後、ホルヴァートが一九二〇年まで多年にわたって東清鉄道の管理局長として大きな権限を握ることとなる。一九〇三年七月以後には、ダニエルはホルヴァートの「代辦」（全権代理人）に就任、ひきつづき会社を代表して東北駐防三将軍と東清鉄道に関する複雑な問題を交渉する人物となる。吉林将軍など東北駐防三将軍に対するこの人物の姿勢は、日露戦争を挟んで前後では大きく変化していた。日露戦争前には、東清鉄道が占めていた満州における優越的な地位を背景に、ダニエルは中国側に対し極めて高圧的姿勢で要求を突きつけ、強引にそれを受け入れさせようと行動していた。しかし、日露戦争後には、英露協商の成立に示された国際環境の激変を受け、中国側が防御から攻撃に転じてダニエルを守勢に立たせるようになる。ダニエルはホルヴァートを補佐して国権の回収に乗り出した現地当局やその背後にある中国本土の民族主義的潮流に対抗しつづけるが、その活動を示す史料は一九一五年で途切れている。訳者が確認できたダニエルの活動を伝える史料は、南満州鉄道株式会社哈爾濱事務所『東支鉄道を中心とする露支勢力の消長』上巻、一九二八年、外務省条約局編『英、米、佛、露ノ各国及支那国間ノ條約』一九二四年、東亜同文会調査編纂部編『支那関係特種條約彙纂』一九一七年、『清季外交史料（光緒朝）』などが主なものである。今後は当時のハルビンで発行されていた新聞やロシア側の史料を探索して彼の活動の全貌を明らかにすることが必要となろう。清朝の光緒帝に対する当時の東三省当局の上奏文では、ダニエルは「達聶爾」と漢字で表記されている。

(78)　この部分は前掲『東支鉄道を中心とする露支勢力の消長』上巻、五一―五二頁、越沢明『哈爾浜の都市計画――一八九八―一九四五年』総和社、一九八九年、三一頁の記述と一致している。

(79)　焼鍋《しょうか》は一八世紀以降に興隆した満州の代表的な製造業であった。焼鍋の経営者は土地の富豪や地主で、その生産様式はマニュファクチュアの段階に進んでいた。満州の焼鍋の発達過程とその市場については小峰和夫『満洲――起源・植民・覇権』御茶の水書房、一九九一年、一九六―一九七頁を参照。

(80) 越沢明前掲書第二章「都市建設の始まり」の二「新市街の都市計画」は、ロシア人の設計した秦家岡地区における新市街建設計画の基本的な考え方を明らかにしている。

(81) 単士釐はロシア人がハルビンを「東方のペテルブルク」と呼んでいたと記しているが、小峰和夫前掲書など多くの著書と史料は「ロシア人はハルビンを「東洋のモスクワ」にしようとしていた」と記している。

(82) 傅家甸《ふかてん》はハルビンの中国人街。ブリスタン東側の鉄道付属地に近い河畔の沼沢地に造られた中国人街をいう。甸とは低湿の平坦地を意味する語。傅家甸という地名は、一九世紀末にその地に傅海山という名の山東人の経営する旅館があったことに由来するとされている。

(83) 日本では馬賊の名で知られている満州の中国人武装集団。その起源は不明であるが、太平天国の乱鎮圧のために満州から八旗の軍団が多数中国本土に送られたことと関係が深いとされている。
馬賊は当初北満州の山岳地帯吉林城・寧古塔間の小白山と寧古塔・琿春間の白山などを根拠地としていたが、次第に南満州の奉天付近やロシア領の沿海州にも出没するようになった。馬賊については日本人は明治初期よりその特異な存在に関心を示し、その武力を清朝中国との戦争やロシアとの戦争などに利用しようとして来た。馬賊について言及した日本人の主な著作には、西村時彦(天囚)編、福島安正校閲『単騎遠征録』金川書店、一八九四年、石光真清『曠野の花』中公文庫、一九七八年、川久保悌郎「満州馬賊考――咸豊・同治期におけるその活動を中心として」(『文経論叢』(弘前大学)三―四、一九六八年)、小峰和夫前掲書、渋谷由里『馬賊で見る「満洲」』講談社、二〇〇四年などがある。

(84) ハルビンの警察署(警察局)は一八九九年に埠頭地区に初めて設置された。東清鉄道管理局長ユーゴヴィッチは当初鉄道付属地の警察権を鉄道守備隊の将校に代行させようとしてコサック百人隊長カザルキンをハルビン警察局長に任命した。東清鉄道が正式に開業する一九〇三年七月一日以降には新任の管理局長ホルヴァートの下で鉄道付属地の警察は改組されるが、単士釐が訪れたのは一九〇三年五月七日から一一日までのことであったから、改組前の鉄道守備隊代行時期の警察であったことがわかる。ハルビンの鉄道付属地の警察の変遷については前掲『東支鉄道を中心とする露支勢力の消長』上巻、二〇七―二〇八頁を参照。

(85) これは、一九〇〇年七月一七日から二一日にかけてアムール河左岸にあるブラゴヴェシチェンスクで起こったロシア軍による中国系住民の大規模な放逐・殺害事件を指している。このブラゴヴェシチェンスク事件については、唐家璇主編『中国外交辞典』所収「海蘭泡事件」(執筆者は張明)、王魁喜他『近代東北人民革命闘争史』吉林人民出版社、一九八四年(志賀勝訳『満州近現代史』現代企画室、一九八八年、六六―六九頁)などに今日の中国の研究者の見解が示されているが、この事件がロシア側と清朝側の双方の陣営の複雑な動きを受けて起こっていたことに注目していない点に問題がある。この事件については日本の代表的な義和団事件研究者佐藤公彦の近刊の大著『清末のキリスト教と国際関係——太平天国から義和団・露清戦争・国民革命へ』（汲古書院、二〇一〇年）の第六章が精密な考察を行って最も説得力のある新見解を提示している。

(86) 寿山は義和団事件当時の清朝の黒竜江将軍でロシア軍の満州への侵入に果敢に抵抗した中国の主戦派の将。「寿山の致す所」という単士釐の説明は、ブラゴヴェシチェンスクに於けるロシア軍による中国人殺害は黒竜江将軍の地位にあった寿山がその配下のアムール左岸のアイグンの軍隊に対岸のロシア軍への砲撃を命じたことを機として起こったと見なすものである。王魁喜、張明らの中国の研究者の見解は、この単士釐の見方とは異なって事件の責任は全面的にロシア側にあると主張しているが、佐藤公彦の近刊書はこの問題についても周到な考察を行って妥当な見解を導き出している。

(87) 中国東北の吉林、黒竜江、奉天の三省がそれぞれ東清鉄道会社との間で発生する事件や問題を協議・解決するためにハルビンに設立していた機関をいう。当時ハルビンに設立されていた三交渉局とは、「吉林省鉄路交渉総局」（一八九七年に設立、当初吉林省城に設置されていたが一八九八年六月にハルビンに移転）と「黒竜江省鉄路交渉総局」（一八九九年九月に設立、当初チチハル西南のフラルキに設置されていたが一九〇二年一月にハルビンに移転）ならびに「奉天省鉄路交渉分局」（一九〇二年五月にハルビンに設立、総局はハルビンではなく奉天省内の都市遼陽に置かれていた）であった。

(88) 長順は、字は鶴汀、満州正白旗の出身。生年は一八三二年、没年は一九〇四年。一八六〇年代と一八七〇年代に中国西北部における回民反乱などの鎮圧で功を重ね、一八七六年に左宗棠《さそうとう》に調されて甘粛省に赴任、ロシアとの新疆南路の国境確定交渉に従事した。その間に、哈密（ハミ）帮辦大臣、正白旗漢軍都統、内大臣などを歴任して、一八八八年に吉林将軍に起用された。以後、一時期を除いて日露戦争中に死去するまで吉林将軍の座にあって、清朝末期の満州政界の重鎮として日清戦争や東清鉄道の建設・経営に関するロシアとの交渉などで重要な役割を果たした。日清戦争では、黒竜江将軍依克唐阿《いこくとうあ》とともに「東三省練軍」を率いて日本軍による遼陽占領阻止に苦闘した。また、義和団事件に伴うロシア軍の満州への侵入に際しては、黒竜江将軍寿山の主戦論には同調せず、ロシア軍との戦闘を回避して戦禍の拡大を防ぐという方策を採った。彼はその政策を日露戦争時においても固持していた。清朝政府が日露戦争に際して日露両国の間で動揺しながらも最終的には局外中立の道を選定した背景には、義和団事件中の吉林における彼の行動に対する清朝政府首脳の評価があったとされている。彼について論じた論文や著書には、薛銜天「一九〇〇年東三省的抗俄戦争及其失敗的教訓」（『清史研究集』第三輯、一九八四年、所収）、孫克復・関捷主編『甲午中日戦争人物伝』黒竜江人民出版社、一九八四年、五一―五二頁、廖一中主編『義和団大辞典』中国社会科学出版社、一九九五年、七六頁、佐藤公彦前掲書、『清史稿』列伝二四八などがある。

（89）黒竜江省ハルビン鉄路交渉総局の最初の総辦となったのは湖南候補道の周冕《しゅうべん》であったし、吉林省ハルビン鉄路交渉総局の初代の総辦となったのは同知（知府の補佐官）の戴鴻鈞《たいこうきん》であったことなどから、この単士釐の説明は妥当なものと言える。

（90）このことは一九〇一年七月締結の「吉林省哈爾濱鉄路交渉総局改正章程」の第九条と第一〇条、

一九〇二年一月締結の「黒竜江省鉄路交渉総局改正章程」の第九条と第一〇条、一九〇二年四月締結の「奉天省鉄路交渉局章程」の第九条と第一〇条に、それぞれ同一の文章で規定されている。

(91) 旅順は一九〇〇年二月に通商港として開放されていたが、ロシア太平洋艦隊の主要基地であるとともにロシア軍の重要な要塞であったので、関東州における通商は主にロシア大蔵省監督下の新設の通商港大連で行われていた。ロシア当局はこの大連を自由港としてロシア極東最大の通商港にしようとする。輸出入品への関税を免除していた自由港大連は、日露戦争前夜には、すでに日本・欧米と中国本土の製品や農産物を輸入して満州に送り、輸出用農産品を満州から搬出して日本・欧米に輸出することを可能とする東清鉄道南支線の発着駅として、最も重要な役割を担うようになる。一九世紀末にロシアにより建設されたこの大連港の興隆過程については、主にロシア側の史料を使用した麻田雅文の論文「中東鉄道とダーリニー（大連）港の勃興」（『スラブ研究』五五、二〇〇八年）が参考になる。

(92) 一九〇二年秋にシベリア、沿海州、満州、華北の各地を視察した蔵相ヴィッテは、ニコライ二世に提出した復命書において、当時のハルビンの人口を「約二万人」と記している。その翌年にハルビンを訪れた単士釐がここで記した「十余万」という数字は、ヴィッテの復命書の数字とかなり大きく異なっている。

(93) この商号の経営者の名前は不詳。筆者は、一九〇二年にヴィッテがハルビンの商工業の状況を視察した際にヴィッテの案内役をつとめた者はハルビン（鉄路）交渉局総辦の方という人物であったという事実から、単士釐がハルビンで訪れた「華昌泰」という商号はハルビン交渉局総辦方某が関係していたものではないかと推定している。

(94) 満州におけるルーブルの急激な流通は、ロシアが一八九六年に始めた東清鉄道建設事業並びにそれと深く関連して行ったハルビンにおける都市建設事業に莫大な資金を投入したことによる。一八九六年から一九一七年までにロシアが東清鉄道建設に投入した資金は五億ルーブル、ハルビン建設に投下した資金は二億六千万ルーブルであったと推定されている(越沢明前掲書二三—二四頁を参照)。

(95) フィンランドは一八〇九年にロシアに併合された。また、ポーランドは、ナポレオン戦争後のウィーン会議の決定によってロシア皇帝を王とし独自の政府を持つ立憲王国とされたが、まもなく自治権を制限されてロシア化を強要されることとなった。単士釐は以上の史実を踏まえて、ここに「両国はロシア領とされて百年」と記したものと思われる。なおポーランドについての単士釐の認識と理解は、彼女が愛読していた福島安正の前掲書『単騎遠征録』と田辺朔郎の前掲書『西伯利鉄道』の影響を受けたものであったと思われる。

(96) 「ハルビンがロシアの掌中に帰して五年」というのは、そこに東清鉄道建設局が設立されて東清鉄道とその拠点都市ハルビンの建設工事が実際に始まった一八九八年五月から単士釐がそこを訪れた一九〇三年五月までのことを指している。

(97) 当時の中国政府の高官や外交官は、ロシアの高官や外交官の巧妙な外交手腕にしばしば苦渋を嘗めさせられていた。当時の中国の駐露公使胡惟徳も、外務部宛の電報で「俄(ロシア)の政治において他国より相い勝るは、外交と武備の両端のみ。余（その他）は皆其の後に瞠若《どうじゃく》たらしむ（後で驚いて目を見張る）」と、中国がロシアに対して最も警戒しなければならないのは外交である、と報告している（『近代史資料』九五号所収の胡惟徳の電報「致外務部」壬寅三月十三日　一九〇二年四月一〇日）。

(98)　ロシアは松花江の航行権を一八五八年のアイグン条約により取得し、一八六〇年の北京条約と一八八一年のペテルブルク条約により確認されたと主張していた。しかし、松花江の江区についてのロシアと清朝中国との解釈は大きく異なっていた。ロシアは三つの条約の言う松花江とは黒竜江の支流たる松花江であると主張するのに対して、清朝中国は松花江とは古の混同江であって「黒竜江と松花江の会流点より下流のウスリー江との会流点までの区間」を指すと主張してロシアの松花江航行権を否認し続けていた。こうした局面は一八九五年の秋から変化し始め、翌一八九六年に「東清鉄道の建設及び経営に関する契約」が締結されることによってロシアの松花江航行権は中国政府に承認される。この問題については前掲『東支鉄道を中心とする露支勢力の消長』上巻、八七―九四頁と麻田雅文「華商紀鳳台――ロシア帝国における「跨境者」の一例」（松田公孝編『講座スラブ・ユーラシア学　第三巻　ユーラシア――帝国の大陸』講談社、二〇〇八年、所収）を参照。

(99)　周冕は浙江省の出身。字は少逸、号は誠恵。一八九四年、中国電報局督辦盛宣懐に東三省に派遣されて電信線敷設業務を担当する。同年、日清戦争が起こると、盛宣懐より錦州の転運局に派遣され、日清戦争が終結するまで知府待遇を以て同地で清軍の兵員の輸送や武器・弾薬・給与・食糧などの調達・輸送などの職務に従事する。日清戦争後には、黒竜江のチチハルに赴き、黒竜江将軍恩澤の幕僚となってユーゴヴィッチとの間で「黒竜江省鉄路交渉総局章程」の締結交渉を行うなど、黒竜江省内における東清鉄道建設工事をめぐる重要な問題の処理に携わる。一九〇〇年夏、義和団事件が東三省にも拡大、ロシア軍が東清鉄道防衛を名として大挙して南下した際には、一時ハルビンより奉天に逃れた。この時、奉天将軍増祺に命じられて旅順に赴き、増祺を代表して関東州ロシア軍総司令官アレクセーエフの代理人コロストーヴェッツとの間で「奉天交地暫且《ざんしょ》章程」を締結した。この章程は東三省におけるロシアの地位を一層強固にするものであったから、清廷はこれを批准せず、彼も清廷より譴責を受けて奉天より黒竜江将軍の配下に戻る。義和団事件終結後、彼は黒竜江将軍薩保《さっぽ》の下で黒竜江省ハルビン鉄路交渉総局総辧となり、東清鉄道管理局長ホルヴァートやその代理人ダニエルの交渉相手となった。しかし一九〇五年五月、程徳全が署理黒竜江将軍となって黒竜江省内の鉄道予定地や鉄道用木材取得地を大幅に縮小する意向を固めると、周冕は程徳全を満足させる交渉を東清鉄道当局と行うことができず窮地に陥る。黒竜江省内の有力者宋小濂《そうしょうれん》（山東移民の子孫）などの間でも東清鉄道やロシア当局との交渉における周の姿勢は弱腰すぎるとする声が高まり、周は一九〇六年九月には程徳全より黒竜江省ハルビン鉄路交渉局総辧の地位を解任され、翌一九〇七年には「売国奴」として追放される身となる。このような周冕が黒竜江省内の広大な未耕地を開拓するという構想を早くから抱いていたことは、単士釐の日記によりはじめて知ることができたのであるが、日露戦争直後の東清鉄道管理局長ホルヴァートやその全権代理人ダニエルとの交渉における彼の姿勢がロシア側に迎合的でありすぎたために、「売国奴」と非難されて失脚することを余儀なくされる。周冕の経歴と活動については、『盛宣懐档案選輯之三』甲午中日戦争（上）（下）、『清季外交史料』巻一四六「盛京将軍増祺奏周冕前在旅順所議暫約已作廃摺」光緒二十七年四月二十四日、同、巻一五四「黒竜江将軍薩保奏重設鉄路交渉総局増改章程摺」光緒二十八年三月十九日、前掲『東支鉄道を中心とする露支勢力の消長』上巻、一一六頁、朱宗震「程徳全」（朱信泉・厳如平主編『中華民国史資料叢稿民国人物伝』第四巻、中華書局、一九八一年、所収）、佐藤公彦前掲書などを参照。

（100）当時の黒竜江将軍の駐箚地。黒竜江省の省都は中華人民共和国成立後にここよりハルビンに移る。チチハルは一七世紀後半に康熙帝がロシアの侵攻に備えてこの地に都城を築き黒竜江将軍を駐箚させて以来、長くロシアに対する清朝中国の軍事と外交の拠点となっていた。黒竜江将軍は一六八四年以後、アムール上流のロシア軍の拠点アルバジンに対する攻撃を開始、アルバジン攻略と一六八九年におけるネルチンスク条約成立後には、中央の理藩院とともに対ロシア外交の責任者となった。註（74）引用の楊合義論文と杉山清彦論文、並びに塚瀬進「中国東北統治の変容——一八六〇—八〇年代の吉林を中心に」（左近幸村編著『近代東北アジアの誕生——跨境史への試み』北海道大学出版会、二〇〇八年、所収）等を参照。なお一七世紀末以後、一九世紀中葉までの「露清間の実質的な外交の場においては、両国対等の慣行が形成・維持されていた。ネルチンスク条約においても、キャフタ条約においても、実際に交換された条約文においては、この原則は貫徹されていた」といわれている（柳澤明「清朝とロシア——その関係の構造と変遷」岡田英弘編『清朝とは何か』（別冊環⑯）藤原書店、二〇〇九年、所収)。『癸卯旅行記』に記された一九世紀中葉以前の露清関係についての単士釐の認識は、こうした近年の日本における研究者の見解とはかなりかけ離れたものである。

(101) 一七世紀後半以降に清朝が西方のモンゴル族と東方の朝鮮族の侵入を防止するために盛京省に築いた長柵。柳を挿し縄で結んで築造したのでその名がある。この辺牆の内と外、またこの辺牆内の地を旗界と民界に区別するのが清朝の満州統治の基本方針となっていた。

(102) 呼倫貝爾の大草原にあるモンゴル人の街で、一八九六年までは臚浜《ろひん》と呼ばれていた。一八九六年、東清鉄道敷設に関する露清協定の締結時に清朝政府(満州王朝)は、「自国の領土はここより始まる」という意を込めて「満州里」と改めたとされている(近現代史編纂会編著『満州帝国の興亡』(別冊歴史読本)五二頁を参照)。

(103) ザバイカル鉄道の支線。同鉄道のカルィムスカヤ駅と東清鉄道の西端の駅満州里とを連結する。

(104) イルクーツクとザバイカル州のストレーテンスク(スレチェンスク)とを結ぶ鉄道。単士釐が利用した当時はバイカル湖南岸のミソナワとザバイカル州のストレーテンスクを連結していた。ストレーテンスクはシルカ河中流沿岸の河港都市で、黒竜江沿岸の諸都市に向かう河船の発着地となっていた。

(105) この時満州里に設置されていた税関はロシアの税関である。当時、中国(清)はロシアの反対によって東清鉄道のロシアとの二つの国境駅に税関を設置することができなかった。中国政府が満州里に自国の税関を設置し得たのは、一九〇八年のことである。この間の経緯については註(70)を参照されたい。

(106) 一九〇八年の中国の税関設置以後には、東清鉄道を利用する旅客に対する税関検査は、日本からウラジオストクを経由してシベリアに入る際には、ウラジオストクではロシア税関の官吏、ボクラニーチナヤでは中国税関の官吏、満州里、タンホイ、イルクーツクではロシア税関の官吏が行い、この反対の方向を取る時には、満州里で中国税関の官吏、ボクラニーチナヤではロシア税関の官吏が行うように改められている(鉄道院運輸局編『西伯利鉄道案内』一九一九年刊、八一頁)。

(107) 田辺朔郎前掲書一六八頁。

(108) 鉄道沿線で見かけたモンゴル人の群衆に対する単士釐の見方は手きびしい。これは、彼女が「アジアの各国が欧米諸国や日本に対抗できるようになるには、学校教育の普及を通じた国民国家の形成が不可欠である」と考えていたため、これと無縁な状況に置かれていたモンゴルの群衆の姿を見てその未来に希望を見出すことができなかったことによるものであろう。モンゴルの群衆に対する彼女の強いいらだちの根源は教育の立ち遅れにあった。しかし、同じモンゴル人でも、中国の伝統的な学問を修得していた人物のなかには、当時の世界情勢の変化を読みとってそれへの対応策を模索していた者も現れていた。「単騎遠征」中の福島安正と親しく談論した琿春副都統の恩澤(のちに黒竜江将軍に昇任)や日露戦争前夜に上海から務本女学堂の日本人教習河原操子を王府の教育顧問に迎え入れた内モンゴルのカラチン王コンサンノールシーなどがその代表である。単士釐がこうした開明的なモンゴル人の存在を知ってモンゴルとモンゴル民族の将来に対する見方をいかに修正していったのかという問題も、今後検討すべき課題となろう。

(109) 康熙帝時代の塞北戦争とは、当時西モンゴル諸部を統一していたジュンガル部のガルダン＝ハンが外モンゴルに侵入して来た際に、康熙帝がハルハ諸ハンの援助要請に応じて外モンゴルに大軍をおくり、ガルダン＝ハンの軍を撃破した戦いをいう。この戦争によってハルハ諸ハンに対する清朝皇帝の保護権が確立した。なお単士釐が愛読していたと記した「塞北戦争の諸記載」とはいかなる書物か定かでないが、祁韻士撰、道光一九年（一八三九年）成立の『皇朝藩部要略』はその一つであったと思われる。

(110) 田辺朔郎前掲書一六八頁。

(111) 田辺朔郎前掲書一六九頁によれば、著者田辺が一九〇〇年六月二一日にミソワヤから乗船して対岸の港に到着するまでに要した時間は五時間であったという。田辺の証言は単士釐が割り註に記した別人の証言の四時間とは一致しないが、ここに参考までに付記しておく。

(112) イギリス製の砕氷装置付列車輸送船に乗って神秘的な湖水バイカルを横断した単士釐の見聞記は、歴史や文学に精通し豊かな感性をも有する中国の才媛にして初めて書き得たと思われる作品である。ここには周囲の蒼樹白雪の山々の秀麗さ、氷結した白色の湖面を多数の乗客と機関車、車両を載せて突き進む英国アームストロング社製砕氷船の偉容、前漢の武帝時代の蘇武が匈奴の単于《ぜんう》に投降を迫られながらもこの湖水に逃れて節を全うしていたことへの想いなどが見事な筆致で記されている。しかし、そこにはロシアがこのバイカル湖上を往来する砕氷船によって目前に迫っていた日露戦争時に兵隊や軍需品を実際に東方の戦場にどの程度輸送できるかを探ろうとする兵要地誌的な視点が欠落していた。砕氷船は寒気が酷烈で氷が分厚い時にはその用をなさなかったこと、砕氷船に機関車や客車、貨車などを搭載するには四、五時間もの時間を要していたことなどは、いずれも当時のシベリア鉄道の兵站能力に関係する重要な問題点であったのであるが、単士鳌はそれらのどれにも気付いていなかった。これは単士鳌より約一年前にペテルブルクよりシベリア経由で帰国していた日本の海軍軍人広瀬武夫の観点とは大きく異なっていた。広瀬武夫がバイカル湖に向けた眼差しは、砕氷船によって代表されていたバイカル湖上のロシア軍の輸送能力が極東における日本との戦争にどこまで耐えるものであるのかというものでしかなかった。広瀬武夫が一九〇二年五月三日に日本の海軍省で行った講演は、この問題を説得的に論じたものである。以下、その主要な部分を引用しておこう。

（ロシアは）砕氷船を夏も冬も使用して居る。なぜ斯の如きものの必要を認むるかと云うに冬期湖上の氷結せし時に、普通汽船は到底其用に堪えざるものである。故に砕氷船の必要を見る訳であります。又何故にバイカル湖畔に沿うて鉄道の連絡をつけざるやといふに、此バイカル湖南は至て険峻なる山岳多くして、数多の隧道（トンネル）を造る必要あり。然るにロシアは土地平漠なる為めに、是迄鉄道技師に隧道開鑿の実験を与えざるを以て、此等技師には鉄道に於ける隧道開鑿を非常に困難なるものと信じて居る。そして費用もかかれば、時日もかかる。それ故に何かこれに代わるべきものをと考え出したるは、この砕氷船である。そしてうまくシベリア幹線の交通を保つことも出来、仕事も割合に容易で、費用も殊に減ずることが出来ると予想したが、費用の点は兎も角、その第一の目的たる交通機関としては、彼等の人士が吹聴し予想した通りには甘くは行かない。現に私が此バイカル湖を通過したときは、折角の砕氷船も其用に適さない時で、僅かに橇車《きょうしゃ》（そり）によりて交通を続けて居たる時です。なぜと云えば、寒気の酷しきと、氷の厚さとが、とても此等砕氷船の力に合わないのであります。今年は露暦一月三日に航海杜絶し、四月から橇車（そり）の途が開けましたと云うことです。その砕氷船の一たる「バイカル」は、英国「アームストロング」会社の製造に係わり、此バイカル湖畔にて組立てたるものであります。船内には車道三線を敷き、機関車及客車二十五台を曳き入れ搭載するようになって居る。ところが実際の話を聞いて見ると、此の二十五台の客車を移すことだから、中々大そうにして一々引き離し、中央の「レール」によりて船内に曳き入れ、其後又之を左右の「レール」に移す故、四、五時間は費やすと云うことです。縦《た》とい熟練したにもせよ、通例二、三時間を要するものと見ゆる。其上にバイカルとミソヴァヤ（ミソワヤ）間、距離六十露里、此汽船にて駛《はし》るとするも、汽船の全速力は十二ノット半というが、しかもそれ丈は出せないから、少なくとも三時間半或いは四時間を要するものと見て差支えなく、又着岸して汽車を曳き出すに、矢張り一時間半、或いは二時間を要すると算用して、大差なきものと信じます。此汽船の排水量は四千二百トンあります。——そこで私の考えますには、如何にシベリア鉄道が出来あがり、東清鉄道が完備を告ぐるに至っても、バイカル湖畔の運輸が完成するに至らざれば、折角のシベリア幹線も其全効を収むることができないのであります。云はばバイカルは運輸上における漏斗の口の如きものであって、此処の外にはいくらの運輸力があっても、此漏斗の口が狭隘なる間は、全線の効力を収むることが出来ない。――故に東洋に向かって送るべき露国の輸送力を算用せんとせば、バイカル湖上のものを算用すれば、大なる違算はなきことである。即ち東洋に向かって露国が（有する）陸路輸送力を算するには、此バイカルこそ最も嘱目すべき点なりと信じます。――又露国の方より見れば、万一の変に当たり、此湖上に於ける「バイカル」「アンガラ」二汽船（砕氷船）などに故障が起こったら中々大変のものであると信じます。故に私は露国政府は早晩最初に計画せし通り、必ずバイカル回岸線の鉄道敷設に鋭意力を尽くし、折角のシベリヤ幹線をして九仭の一功を一櫃に欠く様なことは、せない考えだろうと推察致します。（島田謹二著『ロシヤにおける広瀬武夫』下巻、朝日選書五八、二五八―二六〇頁掲載の「広瀬武夫講演速記」の一部分を「ひらがなまじりの文」に改めて引用）

(113) 陸徴祥、字は子興、子欣。別名は増祥、上海の人。生年は一八七一年、没年は一九四九年、父はプロテスタントの牧師。一八八三年に上海広方言館に入学してフランス語を専攻、一八九一年、北京の同文館に進学、フランス語の能力をさらに高めて翌一八九二年に同館を卒業する。同年、ロシア・ドイツ・オーストリア・オランダ四国公使許景澄の翻訳官としてペテルブルクの中国公使館に派遣され、以後一九〇六年まで中国歴代の駐露公使許景澄、楊儒、胡惟徳の公使館員としてロシア政府との東三省をめぐる外交交渉に参画した。銭恂と李家鏊は一八九〇年代初頭にペテルブルクの中国公使館員として共に過ごした旧友である。一九〇六年、オランダ公使に昇任、一九〇七年にはハーグで開催された第二回国際平和会議に中国代表として出席、翌一九〇八年にはインドネシア華僑の国籍問題の解決を期してオランダ政府との交渉に着手、一九一一年五月にはオランダとの間でオランダ領植民地領事条約を成立させる。その後オランダ公使からロシア公使に転じたがまもなく辛亥革命によって中華民国が成立すると、新政府初代の外交総長に就任する。中華民国期には政治と外交の両面でめざましく活躍するのでここではその活動の紹介を割愛する。一八九九年に結婚した夫人はベルギー国王の侍従武官の娘ベルザ・ボビィ。彼女はヨーロッパの外交界で活躍する陸徵祥にふさわしいパートナーとして夫と中国のために尽力した。単士釐の『受茲室詩稿』には彼女が陸徵祥夫人の活動を称えた漢詩も収められている。

(114) 西村時彦(天囚)編、福島安正校閲『単騎遠征録』金川書店、一八九四年刊、野中春洋編、福島安正述『単騎遠征——伯林より東京へ』小西書店、一九一八年刊、を参照。福島安正は、ベルリンの日本公使館駐在武官としての任務終了に際し、一八九二年から翌一八九三年にベルリンからウラジオストクまでの一万四千キロを単騎（単身騎馬）で横断した。その目的は、ロシアの内情を探り、当時建設工事が進んでいたシベリア鉄道の実情を軍事的・兵要地誌的な観点から探索することにあった。彼の大胆な行動は当時の日本人を熱狂させただけでなく、ロシの極東進出を警戒していた中国の一部の高官や外交官にも注目された。福島安正とほぼ同時期（一八九二年から一八九三年まで）にペテルブルクの中国公使館員李家鏊が三頭立てのボロ馬車により陸路シベリアを横断、ウラジオストクを経由して帰国したのがその証拠となる。単士釐は、李家鏊が夫の親しい旧友であったこともあって、福島安正に特に強い関心を抱き、彼の旅行記『単騎遠征録』を貪るように読んでいた。福島の言動や主張に共鳴した単士釐は、彼の長編の旅行記を自ら中国語に翻訳していた。彼女が夫銭恂とともにウラジオストクからペテルブルクまでの旅をシベリア鉄道の列車によって行ったのも、彼女がかねてから福島の「単騎遠征」を追体験してみたいと思っていたためであったと思われる。

(115) この部分は西村時彦(天囚)編の前掲書『単騎遠征録』二七七―二七九頁を参照して翻訳した。

(116) この引用部分の出典は不明。川上俊彦の見聞録かと思われるが後考に俟ちたい。

(117) キャフタは露清国境の中国側の都市。一七二七年締結されたキャフタ条約によって露清両国間の交易場となって以来、約二〇〇年にわたって北部ユーラシア大陸の東西をつなぐ茶の貿易路の起点となってきた。ロシアは一九世紀初頭以来、大量の茶を中国より輸入していたが、その大部分をキャフタ貿易を通じて買い入れていた。中国東南沿海の福建省や揚子江中流域の湖南省・江西省で生産された中国の茶は、先に水運で天津に運ばれ、そこから陸路で張家口・ゴビ砂漠を経てキャフタに搬入されていた。ロシアからシベリアを横断して極東諸国に向かっていた内外の旅行者が、イルクーツクからキャフタに赴く際に、途中で大量の茶を運ぶ隊商に出会っていたのはこのためである。しかし、キャフタ貿易も一九世紀の八〇年代以降には往時ほどの賑わいを見せなくなる。それは新たに海路を通じて中国よりロシアのオデッサに運ばれる茶が増加したためである。その上、キャフタからバイカル湖、シベリア、ウラルを経てヨーロッパ・ロシアへと進んだ旧来のロシアの茶の輸入ルートは、二〇世紀初頭には陸路においても強力なライバルの挑戦を受けなければならなくなる。それはいうまでもなくシベリア鉄道の登場であった。福島安正校閲『単騎遠征録』二六六—二七一頁には、一八九〇年代初頭のキャフタの状況が詳しく記されている。

(118) 銭恂はこの時中国駐露公使館の参賛（二等書記官）に任命されてペテルブルクに赴く旅の途上にあった。それ故、長崎駐在のイギリス領事の質問に対して銭恂が「我は政府の人に非ず」と答えたのは事実に反する。銭は明らかに中国政府の「官員」であった。このことは、当時の中国の駐露公使胡惟徳が一九〇三年六月一五日（癸卯五月二十日）付けの外務部宛書簡で「現鄂省端中丞（湖北巡撫端方）俄文学生四名を派し来たらしむ、業《すで》に上月（先月）に銭参賛恂より携え帯して同来せり」（『近代史資料』九五号所収の「駐俄公使胡惟徳函稿」）と記していたことから明らかである。銭がイギリスの長崎領事に自分は中国の官員ではないと敢えて偽った時の心中の思いには複雑なものがあったと思われる。

(119) 単士釐がここに記したシベリア鉄道の移民列車の状況は、日本軍との戦争のために満州に大兵を輸送した日露戦争中のシベリア鉄道の状況と殆ど変わりがなかった。単線のシベリア鉄道で遠い満州の戦場に送られたおびただしい数の兵士は「暖房車と呼ばれた有蓋貨車」に軍馬とともに「樽詰めの鰊《ニシン》のように」詰め込まれて一ヶ月から二ヶ月も苦しい旅を強いられていた。こうして戦場に到達する前に「極度の疲労と癒しがたい屈辱」を味わったロシアの兵士たちは、戦場においても士気に欠け、軍当局に対しても反抗的であったと云われている（原暉之前掲書二三七—二三八頁）。

(120) 佐藤四郎編『北満草創』哈爾濱日日新聞社、一九三一年。『近代史資料』九五号所収「駐俄公使胡惟徳函稿」掲載の「致外務部」壬寅九月初一日、「致外務部」壬寅九月二十日、「致外務部」壬寅十月二十八日、『清季外交史料』巻一六四、「俄国商税大臣致呂海寰盛宣懐改訂税則節略」光緒二十八年九月初三日などを参照。

(121) ヴィッテのザバイカル以東の地への大規模な移民推進の構想は、彼の極東視察時より数年前から中国側に知られていた。一九〇一年一二月、黒竜江将軍薩保はヴィッテの移民構想を「ロシアが六十万人の自国民を満州に移住させようとする計画」と受けとめ、「中国がロシアに機先を制して北満への漢人の移住を大規模に行う」よう清廷に建白した。これを受けて清廷は同年末に「古来封禁の地たる北満に隣接せる蒙地十三万五千里を漢人の移住地として開放すべし」という諭告を発する(以上は前掲『東支鉄道を中心とする露支勢力の消長』上巻、五三―五四頁と小峰和夫前掲『満洲――起源・植民・覇権』二八〇―二八一頁)。単士釐の日記の記述は以上のような史実を背景とするものであるが、当時黒竜江将軍薩保が黒竜江ハルビン鉄路交渉局総辦に起用していた人物が前述の浙江省出身の周冕であった事実と関連させて考えると、北満への漢人の大規模な移住を薩保に提言した人物は薩の参謀周冕であったことが判明する。

(122) この部分の単士釐の日記は田辺朔郎の前掲書一八一頁の以下の記述を念頭において記されたものと思われる。

又た追放人列車あり。其追放人を収容する車は窓外に鉄柵ありて兵卒銃を肩にし之を警戒す。車中には獰悪《どうあく》殆ど猛獣にひとしきものも在るべしと雖も、亦圧制政府に対して反抗せし国事により罪を得たるもの、或いは陰険者の為に不幸の地位に陥れられたるものもあらん。又追放地に家族を伴うをゆるされたるものありて其妻子は車窓より余輩の西行するを目送しつつありしが、蓋し故園を懐ふの心禁へ難きならん。有情の男子為めに数行の涙を洒《そそ》がざるを得ず。

単士釐はロシアの女性とロシアにおける女子教育の実情に強い関心を抱いていたと思われるがその旅行記には一八二五年にロシアで起こった自由主義的貴族出身の将校を中心としたデカブリストの乱とその鎮圧後にシベリアに流刑にされた多数のデカブリストならびに彼らの一部（九人）の妻の気高い行動には何ら言及していない。このことは単士釐が当時すでに日本語に訳されていたネクラーソフの長詩『デカブリストの妻』等の存在を知り得なかったためでもあるが、単がロシア旅行への予備知識を得るために読んでいた日本人の書籍にデカブリストについての記述がなかったためでもあった。単が丹念に目を通していた田辺朔郎の前掲書にも、デカブリストについての言及はなされていなかった。このことは単士釐にとって不幸なことであった。この書がデカブリストの妻たちの行動に触れていたならば、チタやイルクーツクにおける単の見学意欲もより積極的なものとなっていた、と思われる。

(123) 清代の新疆（東トルキスタン）に関する通誌。撰者松筠は蒙古旗人。イリ将軍として約一〇年間イリに在任する。一八世紀末から一九世紀初頭（嘉慶年間）の新疆研究に不可欠の文献とされる。これは祁韻士撰の『西陲要略《せいすいようりゃく》』、松筠撰『西陲総統事略』とともに清代の新疆研究に必見の文献である。なお松筠の人物像は村上信明『清朝の蒙古旗人――その実像と帝国統治における役割』（風響社、二〇〇七年）に鮮明に描かれている。

(124) ここではウラルを通過した二人の日本人を指している。その一人は福島安正であり、他の一人は田辺朔郎である。

(125) 野中春洋編、福島安正述『単騎遠征』六四頁には石碑の建立は「一八五五年」とあるが、西村時彦編、福島安正校閲『単騎遠征録』九〇頁では「一八四五年」となっている。野中春洋編の「一八五五年」は誤記であり、西村時彦編の「一八四五年」が正しい。

(126) 野中春洋編、福島安正述『単騎遠征』六四―六五頁。西村時彦編、福島安正校閲『単騎遠征録』九一頁。引用部分に続く福島安正の口述は西村時彦編『単騎遠征録』によると以下の通りである。

面色言語の異なる、固より論ずるに足らざるに、往々彼を尊び此を卑しむ、誠に謂われなきの至なり。嗚呼《ああ》人為の区劃、曷《な》んぞ天理の平均を制するを得んやと。石標の下に彷徨して躊躇、去る能わず。既にして鞭を執りて起ち後辺を振り返れば、則ち旅とは云えど六年の間も住み馴れし欧羅巴州（ヨーロッパ）の山川と一投足の為に相別るるなり。首を回《めぐ》らして前路を望めば、六年が程も立別れて夢にのみ見し故郷亜細亜州（アジア）の草木と相会するなり。裨畔一歩西欧と東亜、身は二大陸に跨りて悲喜交《こもごも》其の中に動くを免れず。又も石標の下を徉徘《しょうはい》（さまよう）して路傍の草花を摘み紀念の為に之を手帳の間に挿みつつ独語（ひとりごち）して曰く、花よ、汝は欧羅巴の花か、亜細亜の花か、欧にもせよ、亜にもせよ、花は則ち花なり。其の色、其の香、豈《あに》高下あらんや。人も亦此の如きのみ、と。一片の壮語、亜州の為に気を吐きつつ躍然馬に上れば、飈然蹄塵《ひょうぜんていじん》（馬の足下の塵）忽ち飈《あが》り、瞬間既に亜細亜の山河に入り去りて顧みれば、則ち陰雲一抹天の一方に在り、雷鳴遠く聞こえ、山雨将《まさ》に来たらんとして林木尽く震ひけり。

(127) 中国では汽船のうち外輪船を「明輪」と呼び、スクリュー船を「暗輪」と呼んでいた。

(128) 営口は満州南部の遼河河口より約二〇キロ上流に位置する河港都市。一八五八年の中英天津条約により上流の牛荘が開港場となってから、欧米諸国と日本が進出、各国の領事館が開設された。ロシアが旅順・大連を租借するまでは満州に於ける唯一の通商港として発展が期待されていたが、外国貿易は予想外に伸び悩んでいた。しかし、一九世紀末には二つの鉄道の支線の建設によって広く満州の各地と結ばれ、新たな発展期に入る。その一つは、日清戦争前夜から清朝政府が建設していた関内外鉄道の溝帮子から営口に至る支線が建設されたことである。他の一つは、旅順から北上する東清鉄道南部線の支線が大石橋・営口間に建設されたことであった。これにより営口は満州を縦横に貫通するロシアの巨大な鉄道網に組み入れられる。単士釐が日記に記した「営口の已《すで》に成る路」とは、この東清鉄道南部線の支線として建設された大石橋・営口間の鉄道のことであった。

(129) 張家口は中国河北省北西部の都市。万里の長城の内側にあり、北京からモンゴル方面を経て露清貿易の中心都市キャフタに出る交通上の要衝に位置する。このため、日清戦争が起こる頃には、ロシアにはシベリア鉄道の支線としてバイカル湖南東の小都市からキャフタ・張家口を経由して華北の北京・天津に至る鉄道を建設しようとする動きが起こっていた。同じ頃、清朝政府もロシアの動きに対抗して北京から張家口に至る鉄道を建設しようとしていたが、万里の長城を通過するトンネル建設工事の困難など大きな障害に阻まれ、その計画は実現できないままとなっていた。その後、ロシアが日露戦争に敗北して張家口方面への進出を断念すると、中国の清朝政府は、一九〇五年末にアメリカ留学生出身の鉄道技師詹天佑《せんてんゆう》に命じて、北京と張家口を結ぶ京張鉄道の建設工事に着手させる。詹天佑は八達嶺を通過するトンネル工事など多くの難工事を中国人のみの技術でやり遂げて、一九〇九年には北京から張家口までの鉄道を開通させる。

(130) 打牲は狩猟、烏拉は大河畔の都城、「打牲烏拉」は松花江下流域や黒竜江中下流域などの狩猟民支配のための軍事拠点となった大河畔の都城を意味する満州語で、「吉林烏拉(ギリン・ウラ、吉林城)」を「新城」と呼ぶのに対して「旧城」と呼ばれた。

(131) ニコライ堂は東京の神田駿河台に一八八四年に着工、一八九一年に完成した。その正式の名称は日本ハリストス正教会東京復活大聖堂である。この聖堂の建設期間には日本で国粋主義の風潮が起こり、聖堂建設事業を推進していたロシア正教会のニコライ宣教司祭はきびしい立場に立たされた。ニコライ堂の建設中にはこの聖堂は皇居を俯瞰するとの風評が広がり、日本人の対露感情を悪化させる一因ともなった。ニコライ宣教司祭とニコライ堂が最も苦境に立たされていたのは、日露戦争中のことである。

(132) ロシアの宮廷儀礼に関する単士釐の説明の正しさは生田美智子の近著『外交儀礼から見た幕末日露文化交流史——描かれた相互イメージ・表象』ミネルヴァ書房、二〇〇八年からも確認することができる。

(133) 田辺朔郎前掲書一八九頁。

(134) スウェーデンは一〇世紀以後徐々にフィンランドに浸透し、一三世紀末にはフィンランドを属領とした。フィンランドの人々は、一六世紀の宗教改革の時代にスウェーデンよりもたらされたルター派新教の教義を受け入れる。フィンランドがロシア領となったのは一九世紀初頭のことであった。ナポレオン戦争が北欧に波及して列強間で戦争と外交による複雑な駆け引きが繰り返されるなか、フィンランドは一八〇九年に東隣の大国ロシアに併合される。なお、フィンランドの歴史とロシア支配下の当時の状況については、単士釐は一八九三年にロシアから帰国した夫の銭恂よりかなり早い時期から教えられていたと思われる。

# あとがき

単士釐撰『癸卯旅行記』の全文を日本語に翻訳することは、私が「洋務運動の研究」に取り組んでいた頃から「いつか、時間ができたらやってみたい」と考えていた課題であった。しかし、退職後に実際にその作業に取りかかってみると、この旅行記に登場する人物の名前や地名にはなじみのないものが多く、それらのすべてをほぼ正確に確認するのに多くの時間とエネルギーを費やさなければならなかった。また私には「撰者単士釐が明治日本の近代化への取り組みを極めて高く評価していること」と、「単士釐の長子銭稲孫が日中戦争中に日本に協力した「知日派」の有力な学者であったこと」の二点に、かなり強いこだわりを抱くようになった。撰者の記した『癸卯旅行記』の内容は真に興味深いものであったので、その翻訳の作業は多すぎる程の時間をかけることによってなんとか処理することができた。しかし、私は翻訳作業完成後に大きな壁に突き当たった。それは撰者単士釐とその家族、親族、とりわけ銭稲孫を「解説」のなかでいかに論述すればよいのかという問題であった。私はこの問題に悩みつづけ、「解説」の執筆は遅々として進まず、一度はこの旅行記の訳註の公刊そのものを断念しようと考えたこともあった。

しかし、「解説」執筆の問題は、日中両国間の過去の史実への特別の感情や思いにこだわらずに事実のみを淡々と書くということにして乗り切ることにした。本当に重要な「解説」がこのようなものでよいのかと今でも不安になるが、本書の巻頭に収めた私の拙い「解説」をそのままお読み取りいただければ幸甚である。次に翻訳の訳文は今日では「現代語」にすべきであると自分でも考えていたが、単士釐の原文が実に見事な漢文で書かれていることを考慮して原文の趣や撰者の思いを読者に実感していただけるように、敢えて「漢文を訓読して書き下す」という古典的な方式をとった。本書をお読みになって私の訳文を「現代語」に改訳したいと思われる研究者がいらしたら、私も心より嬉しく思う。

本書の刊行は、国内外の多方面の方々の並々ならぬご芳情とご厚意のお陰ではじめて実現したものである。多年にわたって全くと言ってよいほど顧みられなくなっていた単士釐の『癸卯旅行記』を一九八〇年代の中国において「走向世界の先駆者の記録」と見てはじめて正当に評価した鍾叔河・楊堅の両先生、一九〇四年に東京の同文印刷舎で刊行された『癸卯旅行記』の鉛印本を今日まで一世紀以上もの長きにわたって大切に保管して来られた早稲田大学図書館の歴代の館長と職員の皆さん、学術書出版が困難を極めている我が国において今回も本書の刊行を快くお引き受け下された㈱汲古書院の代表取締役社長石坂叡志氏と同社顧問坂本健彦氏、本書原稿の編集組版という仕事を前回同様にお引き受け下された㈱あるむの吉田玲子氏、早稲田大学所蔵の貴重書『癸卯旅行記』鉛印本の閲覧に際し高齢の私のためにいろいろとご配慮下された同図書館資料管理課の高木理久夫氏などがその主な方々である。末筆ながら、ここに記して心より感謝申しあげる。最後に本書の刊行に役立つ有益な情報を提供して下さった服部隆行氏と青山治世氏、いつまでもパソコンの扱いに習熟できない私を幾度となくサポートしてくれた南谷真氏とドイツ近代史研究者の娘前田(鈴木)楠緒子、私の健康を日夜気にかけつづけ、いつも的確に指示してくれた妻秀子にも感謝の意を表したい。二三歳の時に最初の論文を発表してから本年でちょうど五〇年になる。能力、体力、気力ももはや限界に近づいた。私は本書の刊行を以て自分の半世紀に及んだ中国近代史研究者としての執筆活動に終始符を打つこととしたい。

二〇一〇年七月末日

鈴木智夫

# 図版典拠

xvi・xvii頁　『清季外交史料』相片

六三頁上　原暉之『ウラジオストク物語――ロシアとアジアが交わる街』三省堂、一九九八年

六三頁下　ロシア科学アカデミー極東支部歴史・考古・民族学研究所編、村上昌敬訳『ロシア沿海地方の歴史――ロシア沿海地方高校歴史教科書』明石書店、二〇〇三年

七二頁　銭単士釐撰『癸卯旅行記』巻頭図版、早稲田大学図書館蔵

九三・九七・一一一頁　越沢明『哈爾浜の都市計画――一八九八―一九四五年』総和社、一九八九年

# 人名索引

## 訳者紹介

鈴木　智夫　（すずき　ともお）

1937年　東京に生まれる。

1955年　長野県立野沢北高等学校卒業。

1960年　東京教育大学文学部史学科（東洋史専攻）卒業。東京都立北野高校教諭、東京都立九段高校教諭、東京都立日比谷高校教諭、岐阜薬科大学教授などを経て、1993年、愛知学院大学文学部教授となり、2005年退職。

1992年　博士（文学）の学位を取得。

主な著書・論文

『近代中国の地主制——租覈の研究・訳注——』（汲古書院　1977年）、『洋務運動の研究——　一九世紀後半の中国における工業化と外交の革新についての考察——』（汲古書院　1992年）、『近代中国と西洋国際社会』（汲古書院　2007年）、『高校世界史』（三省堂　1980年）、『高校世界史教師用指導書』（三省堂　1980年）、「清末江浙の茶館について」（『歴史における民衆と文化——酒井忠夫先生古希記念論集』国書刊行会　1982年　所収）。


汲古選書54

癸卯旅行記訳註

——銭稲孫の母の見た世界——

二〇一〇年一〇月二八日　発行

訳者　鈴木智夫

発行者　石坂叡志

組版　㈱あるむ

印刷　富士リプロ㈱

発行所　汲古書院

〒102-0072　東京都千代田区飯田橋二—五—四

電話〇三（三二六五）九七六四

FAX〇三（三二二二）一八四五

ISBN978－4－7629－5054－4　C3326

## 汲古選書　既刊54巻

1
### 一言語学者の随想
服部四郎著
わが国言語学界の大御所、文化勲章受賞・東京大学名誉教授故服部先生の長年にわたる珠玉の随筆75篇を収録。透徹した知性と鋭い洞察によって、言葉の持つ意味と役割を綴る。
▼494頁／定価5097円

2
### ことばと文学
田中謙二著
京都大学名誉教授田中先生の随筆集。
「ここには、わたくしの中国語乃至中国学に関する論考・雑文の類をあつめた。わたくしは〈ことば〉がむしょうに好きである。生き物さながらにうごめき、またピチピチと跳ねっ返り、そして話しかけて来る。それがたまらない。」（序文より）
▼320頁／定価3262円　好評再版

3
### 魯迅研究の現在
同編集委員会編
魯迅研究の第一人者、丸山昇先生の東京大学ご定年を記念する論文集を二分冊で刊行。執筆者＝北岡正子・丸尾常喜・尾崎文昭・代田智明・杉本雅子・宇野木洋・藤井省三・長堀祐造・芦田肇・白水紀子・近藤竜哉
▼326頁／定価3059円

4
### 魯迅と同時代人
同編集委員会編
執筆者＝伊藤徳也・佐藤普美子・小島久代・平石淑子・坂井洋史・櫻庭ゆみ子・江上幸子・佐治俊彦・下出鉄男・宮尾正樹
▼260頁／定価2548円

5・6
### 江馬細香詩集「湘夢遺稿」
入谷仙介監修・門玲子訳注　幕末美濃大垣藩医の娘細香の詩集。頼山陽に師事し、生涯独身を貫き、詩作に励んだ。日本の三大女流詩人の一人。
▼総602頁／⑤定価2548円／⑥定価3598円　好評再版

7
### 詩の芸術性とはなにか
袁行霈著・佐竹保子訳　北京大学袁教授の名著「中国古典詩歌芸術研究」の前半部分の訳。体系的な中国詩歌入門書。
▼250頁／定価2548円

8
### 明清文学論
船津富彦著
一連の詩話群に代表される文学批評の流れは、文人各々の思想・主張の直接の言論場として重要な意味を持つ。全体の概論に加えて李卓吾・王夫之・王漁洋・袁枚・蒲松齢等の詩話論・小説論について各論する。
▼320頁／定価3364円

9
### 中国近代政治思想史概説
大谷敏夫著　阿片戦争から五四運動まで、中国近代史について、最近の国際情勢と最新の研究成果をもとに概説した近代史入門。1阿片戦争 2第二次阿片戦争と太平天国運動　3洋務運動等六章よりなる。付年表・索引　▼324頁／定価3262円

10
### 中国語文論集　語学・元雑劇篇
太田辰夫著
中国語学界の第一人者である著者の長年にわたる研究成果を全二巻にまとめた。語学篇＝近代白話文学の訓詁学的研究法等、元雑劇篇＝元刊本「看銭奴」考等。
▼450頁／定価5097円

11 中国語文論集 文学篇

太田辰夫著

本巻には文学に関する論考を収める。「紅楼夢」新探／「鏡花縁」考／「児女英雄伝」の作者と史実等。付固有名詞・語彙索引

▼350頁／定価3568円

12 中国文人論

村上哲見著

唐宋時代の韻文文学を中心に考究を重ねてきた著者が、詩・詞という高度に洗練された文学様式を育て上げ、支えてきた中国知識人の、人間類型としての特色を様々な角度から分析、解明。

▼270頁／定価3059円

13 真実と虚構—六朝文学

小尾郊一著

六朝文学における「真実を追求する精神」とはいかなるものであったか。著者積年の研究のなかから、特にこの解明に迫る論考を集めた。

▼350頁／定価3873円

14 朱子語類外任篇訳注

田中謙二著

朱子の地方赴任経験をまとめた語録。当時の施政の参考資料としても貴重な記録である。「朱子語類」の当時の口語を正確かつ平易な訳文にし、綿密な註解を加えた。

▼220頁／定価2345円

15 児戯生涯 一読書人の七十年

伊藤漱平著

元東京大学教授・前二松学舎大学長、また「紅楼夢」研究家としても有名な著者が、五十年近い教師生活のなかで書き綴った読書人の断面を随所にのぞかせながら、他方学問の厳しさを教える滋味あふれる随筆集。

▼380頁／定価4077円

16 中国古代史の視点 私の中国史学(1)

堀　敏一著　中国古代史研究の第一線で活躍されてきた著者が研究の現状と今後の課題について全二冊に分かりやすくまとめた。本書は、1時代区分論　2唐から宋への移行　3中国古代の土地政策と身分制支配　4中国古代の家族と村落の四部構成。

▼380頁／定価4077円

17 律令制と東アジア世界 私の中国史学(2)

堀　敏一著　本書は、1律令制の展開　2東アジア世界と辺境　3文化史四題の三部よりなる。中国で発達した律令制は日本を含む東アジア周辺国に大きな影響を及ぼした。東アジア世界史を一体のものとして考究する視点を提唱する著者年来の主張が展開されている。

▼360頁／定価3873円

18 陶淵明の精神生活

長谷川滋成著

詩に表れた陶淵明の日々の暮らしを10項目に分けて検討し、淵明の実像に迫る。内容＝貧窮・子供・分身・孤独・読書・風景・九日・日暮・人寿・飲酒　日常的な身の回りに詩題を求め、田園詩人として今日のために生きる姿を歌いあげ、遙かな時を越えて読むものを共感させる。

▼300頁／定価3364円

19 岸田吟香—資料から見たその一生

杉浦　正著　幕末から明治にかけて活躍した日本近代の先駆者—ドクトル・ヘボンの和英辞書編纂に協力、わが国最初の新聞を発行、目薬の製造販売を生業としつつ各種の事業の先鞭をつけ、清国に渡り国際交流に大きな足跡を残すなど、謎に満ちた波乱の生涯を資料に基づいて克明にする。

▼440頁／定価5040円

20 グリーンティーとブラックティー
中英貿易史上の中国茶
矢沢利彦著　本書は一八世紀から一九世紀後半にかけて中英貿易で取引された中国茶の物語である。当時の文献を駆使して、産地・樹種・製造法・茶の種類や運搬経路まで知られざる英国茶史の原点をあますところなく分かりやすく説明する。
▼260頁／定価3360円

21 中国茶文化と日本
布目潮渢著
近年西安西郊の法門寺地下宮殿より唐代末期の大量の美術品・茶器が出土した。文献では知られていたが唐代の皇帝が茶を愛玩していたことが証明された。長い伝統をもつ茶文化―茶器について解説し、日本への伝来と影響についても豊富な図版をもって説明する。カラー口絵4葉付
▼300頁／品切

22 中国史書論攷
澤谷昭次著
先年急逝された元山口大学教授澤谷先生の遺稿約三〇篇を刊行。東大東洋文化研究所に勤務していた時「同研究所漢籍分類目録」編纂に従事した関係から漢籍書誌学に独自の境地を拓いた。また司馬遷「史記」の研究や現代中国の分析にも一家言を持つ。
▼520頁／定価6090円

23 中国史から世界史へ　谷川道雄論
奥崎裕司著　戦後日本の中国史論争は不充分なままに終息した。それは何故か。谷川氏への共感をもとに新たな世界史像を目ざす。
▼210頁／定価2625円

24 華僑・華人史研究の現在
飯島　渉編　「現状」「視座」「展望」について15人の専家が執筆する。従来の研究を整理し、今後の研究課題を展望することにより、日本の「華僑学」の構築を企図した。
▼350頁／品切

25 近代中国の人物群像
――パーソナリティー研究――
波多野善大著　激動の中国近現代史を著者独自の歴代人物の実態に迫る研究方法で重要人物の内側から分析する。
▼536頁／定価6090円

26 古代中国と皇帝祭祀
金子修一著
中国歴代皇帝の祭礼を整理・分析することにより、皇帝支配による国家制度の実態に迫る。
▼340頁／定価3990円　好評再版

27 中国歴史小説研究
小松　謙著
元代以降高度な発達を遂げた小説そのものを分析しつつ、それを取り巻く環境の変化をたどり、形成過程を解明し、白話文学の体系を描き出す。
▼300頁／定価3465円

28 中国のユートピアと「均の理念」
山田勝芳著　中国学全般にわたってその特質を明らかにするキーワード、「均の理念」「太平」「ユートピア」に関わる諸問題を通時的に叙述。
▼260頁／定価3150円

29 陸賈『新語』の研究　福井重雅著

秦末漢初の学者、陸賈が著したとされる『新語』の真偽問題に焦点を当て、緻密な考証のもとに真実を追究する一書。付節では班彪『後伝』・蔡邕『独断』・漢代対策文書について述べる。
▼270頁／定価3150円

30 中国革命と日本・アジア　寺廣映雄著

前著『中国革命の史的展開』に続く第二論文集。全体は三部構成で、辛亥革命と孫文、西安事変と朝鮮独立運動、近代日本とアジアについて、著者独自の視点で分かりやすく俯瞰する。
▼250頁／定価3150円

31 老子の人と思想　楠山春樹著

『史記』老子伝をはじめとして、郭店本『老子』を比較検討しつつ、人間老子と書物『老子』を総括する。
▼200頁／定価2625円

32 中国砲艦『中山艦』の生涯　横山宏章著

長崎で誕生した中山艦の数奇な運命が、中国の激しく動いた歴史そのものを映し出す。
▼260頁／定価3150円

33 中国のアルバ——系譜の詩学　川合康三著

「作品を系譜のなかに置いてみると、よりよく理解できるように思われます」（あとがきより）。壮大な文学空間をいかに把握するかに挑む著者の意欲作六篇。
▼250頁／定価3150円

34 明治の碩学　三浦　叶著

著者が直接・間接に取材した明治文人の人となり、作品等についての聞き書きをまとめた一冊。今日では得難い明治詩話の数々である。
▼380頁／定価4515円

35 明代長城の群像　川越泰博著

明代の万里の長城は、中国とモンゴルを隔てる分水嶺であると同時に、内と外とを繋ぐアリーナ（舞台）でもあった。そこを往来する人々を描くことによって異民族・異文化の諸相を解明しようとする。
▼240頁／定価3150円

36 宋代庶民の女たち　柳田節子著

「宋代女子の財産権」からスタートした著者の女性史研究をたどり、その視点をあらためて問う。女性史研究の草分けによる記念碑的論集。
▼240頁／定価3150円

37 鄭氏台湾史——鄭成功三代の興亡実紀　林田芳雄著

日中混血の快男子鄭成功三代の史実—明末には忠臣・豪傑と崇められ、清代には海寇・逆賊と貶され、民国以降は民族の英雄と祭り上げられ、二三年間の台湾王国を築いた波瀾万丈の物語を一次史料をもとに台湾史の視点より描き出す。
▼330頁／定価3990円

38 中国民主化運動の歩み——「党の指導」に抗して——　平野　正著

本書は、中国の民主化運動の過程を「党の指導」との関係で明らかにしたもので、解放直前から八〇年代までの中共の「指導」に対抗する人民大衆の民主化運動を実証的に明らかにし、加えて「中国社会主義」の特徴を概括的に論ずる。
▼264頁／定価3150円

39
## 中国の文章――ジャンルによる文学史

褚斌杰著／福井佳夫訳　中国における文学の種類・形態・様式である「ジャンル」の特徴を、各時代の作品に具体例をとり詳細に解説する。本書は褚斌杰著『中国古代文体概論』の日本語訳である。
▼340頁／定価4200円

40
## 図説中国印刷史

米山寅太郎著

静嘉堂文庫文庫長である著者が、静嘉堂文庫に蔵される貴重書を主として日本国内のみならずイギリス・中国・台湾など各地から善本の図版を集め、「見て知る中国印刷の歴史」を実現させたものである。印刷技術の発達とともに世に現れた書誌学上の用語についても言及する。
▼カラー8頁／320頁／定価3675円　好評再版

41
## 東方文化事業の歴史――昭和前期における日中文化交流――

山根幸夫著　義和団賠償金を基金として始められた一連の事業は、高い理想を謳いながら、実態は日本の国力を反映した「対支」というおかしなものからスタートしているのであった。著者独自の切り口で迫る。
▼260頁／定価3150円

42
## 竹簡が語る古代中国思想――上博楚簡研究――

浅野裕一編（執筆者＝浅野裕一・湯浅邦弘・福田哲之・竹田健二）
これまでの古代思想史を大きく書き替える可能性を秘めている上海博物館蔵の〈上楚楚簡〉は何を語るのか。
▼290頁／定価3675円

43
## 『老子』考索

澤田多喜男著

新たに出土資料と現行本『老子』とを比較検討し、現存諸文献を精査することにより、〈老子〉なる名称の書籍は漢代のある時期から認められる。少なくとも現時点では、それ以前には出土資料にも〈老子〉なる名称の書籍はなかったことが明らかになった。
▼440頁／定価5250円

44
## わたしの中国――旅・人・書冊――

多田狷介著

一九八六年から二〇〇四年にわたって発表した一〇余篇の文章を集め、三部（旅・人・書冊）に分類して一書を成す。著者と中国との交流を綴る。
▼350頁／定価4200円

45
## 中国火薬史――黒色火薬の発明と爆竹の変遷――

岡田　登著　火薬はいつ、どこで作られたのか。火薬の源流と変遷を解明する。口から火を吐く火戯「吐火」・隋代の火戯と爆竹・唐代の火戯と爆竹・竹筒と中国古代の練丹術・金代の観灯、爆竹・火缶……。
▼200頁／定価2625円

46
## 竹簡が語る古代中国思想（二）――上博楚簡研究――

浅野裕一編（執筆者＝浅野裕一・湯浅邦弘・福田哲之・竹田健二）
好評既刊（汲古選書42）に続く第二弾。『上海博物館蔵戦国楚竹書』第五・第六分冊を中心とした研究を収める。
▼356頁／定価4725円

47
## 服部四郎　沖縄調査日記

服部　旦編・上村幸雄解説　昭和三十年、米国の統治下におかれた琉球大学に招聘された世界的言語学者が、敗戦後まもない沖縄社会を克明に記す。沖縄の真の姿が映し出される。
▼口絵8頁／300頁／定価2940円

48
## 出土文物からみた中国古代

宇都木章著　中国の古代社会を各時代が残したさまざまな「出土文物」を通して分かりやすく解説する。本書はＮＨＫラジオ中国語講座テキスト「出土文物からみた中国古代」を再構成したものである。
▼256頁／定価3150円

49
## 中国文学のチチェローネ
### ——中国古典歌曲の世界——

大阪大学中国文学研究室　高橋文治（代表）編　廓通いの遊蕩児が懐に忍ばせたという「十大曲」を案内人に、中国古典歌曲の世界を散策する。
▼300頁／定価3675円

50
## 山陝の民衆と水の暮らし
### ——その歴史と民俗——

森田　明著　新出資料を用い、歴史的伝統としての水利組織の実態を民衆の目線から解明する。
▼272頁／定価3150円

51
## 竹簡が語る古代中国思想（三）
### ——上博楚簡研究——

浅野裕一編（執筆者＝浅野裕一・湯浅邦弘・福田哲之・福田一也・草野友子）　好評既刊（汲古選書42・46）に続く第三弾。『上海博物館蔵戦国楚竹書』第七分冊を中心とした研究を収める。
▼430頁／定価5775円

52
## 曹雪芹小伝

周汝昌著　小山澄夫訳　『曹雪芹小伝』本文三十三章・付録三篇の全訳。『紅楼夢』解明に作者曹雪芹の研究が必須であることは言を俟たない。本書では章ごとに訳者による詳細な注が施される。原著・原注はもとより、この訳注が曹雪芹研究の有益な手引きとなる。伊藤漱平跋。
▼口絵4頁／620頁／定価6300円

53
## 李公子の謎——明の終末から現在まで——

佐藤文俊著　「李自成の乱」の大衆の味方〝李公子〟とは一体何者か。伝承発生当時から現在までの諸説を整理し、今後の展望を開く。
▼248頁／定価3150円

54
## 癸卯旅行記訳註——銭稲孫の母の見た世界——

銭単士釐撰　鈴木智夫解説・訳註　『癸卯旅行記』とは、近代中国の先進的女性知識人銭単士釐（せんたんしりん）が二〇世紀最初の癸卯の年（一九〇三年）に外交官の夫銭恂とともに行った国外旅行の記録である。
▼262頁／定価2940円

55
## 政論家施復亮の半生

平野　正著

中国において一九九〇年代末より政論家施復亮が注目されるようになった。ここに施復亮の一九二〇年代から四〇年代における思想とその変化を明らかにする。
▼200頁／定価2520円　近刊

56
## 蘭領台湾史——オランダ治下38年の実情

林田芳雄著　三八年間に亘るオランダの統治下にあった台湾島のありのままの姿と、台湾原住民のさまざまな出来事を原住民の視点から捉え、草創期の台湾史を解明する。
▼384頁／定価4725円　近刊